RAPPORT

SUR LES

TRAMWAYS DE VILLA-ISABEL

A RIO-DE-JANEIRO

(BRÉSIL)

PARIS

IMPRIMERIE DES ARTS ET MANUFACTURES

12, RUE PAUL-LELONG, 12.

Avril 1897

RAPPORT

SUR LES

TRAMWAYS DE VILLA-ISABEL

A RIO-DE-JANEIRO

(BRÉSIL)

PARIS

IMPRIMERIE DES ARTS ET MANUFACTURES

12, Rue Paul-Lelong, 12.

Avril 1897

TABLE DES MATIÈRES

RAPPORT

	Pages
Situation financière du Brésil	9
Les tramways à Rio-de-Janeiro	11
Concessions des Tramways de Villa-Isabel, Villa-Guarany, Villa-Cachamby.	15
Description du réseau de Villa-Isabel	19
Voies	19
Matériel	19
Cavalerie	20
Dépôts	20
Tarifs	21
Situation financière de la Compagnie de Villa-Isabel	21
Bilan	22-23
Examen du bilan	24
Résultats de l'exploitation actuelle	25
Progression des recettes	25
Dépenses d'exploitation	26
Compte de Profits et Pertes	27
Transformation de la traction animale en traction électrique	28
Devis de la transformation	28
Résultats de l'exploitation électrique	32
Recettes	32
Dépenses	34

Pages

Évaluation des produits nets de l'exploitation électrique 35

Conclusions 36

ANNEXES

Statuts de la Compagnie de Villa-Isabel 39

Contrats de concessions de la Compagnie de Villa-Isabel 51

Données statistiques 65

      Jardin botanique 67

      Carris Urbanos 68

      Saint-Christophe 69

      Villa-Isabel 70

      Carioca 73

      Jacarépaguà 74

      Sepetiba 75

Données générales sur les tramways de Rio-de-Janeiro 76-81

Plan général de Rio-de-Janeiro.

Plan du réseau de Villa-Isabel.

Photographies.

Paris. — Société anonyme de l'Imprimerie des Arts et Manufactures, 12, rue Paul-Lelong. — 1310-07.

RAPPORT

SUR LES

TRAMWAYS DE VILLA-ISABEL

A RIO-DE-JANEIRO

(BRÉSIL)

N° 

RAPPORT

SUR LES

TRAMWAYS DE VILLA-ISABEL

LA SITUATION FINANCIÈRE DU BRÉSIL

La République des Etats-Unis du Brésil est, depuis la chute de l'empire (15 novembre 1889), constituée en une Fédération laissant à chaque Etat son autonomie, avec une constitution calquée sur celle des Etats-Unis du Nord de l'Amérique.

Depuis la constitution de l'Union (25 février 1891) la situation politique du pays s'est progressivement affermie et on ne peut plus douter que la forme républicaine ne soit universellement admise par tous les Etats de l'Union.

La République a, en effet, successivement triomphé des tentatives de séparation des Etats du Sud, et de la révolte de la flotte qui, sous le commandement de l'amiral De Mello, a, pendant huit mois, assiégé la ville de Rio-de-Janeiro en 1893.

Mais ces divers mouvements ont, dans une certaine mesure, retardé le développement de la prospérité économique du pays en aggravant la crise du change qui pèse sur tout le Brésil et dont nous devons dire quelques mots.

L'unité monétaire au Brésil est le reis ; on compte par cent reis, par mille reis et par million de reis. Un million de reis s'appelle un conto. La parité du change se calcule par comparaison avec la monnaie anglaise ; le change est au pair lorsque mille reis équivalent à 27 pence anglais ou assez exactement à 2 fr. 85 de notre monnaie française. Mais actuellement le change a beaucoup baissé et n'est plus qu'à 8ᵈ environ. Il n'est jamais descendu au-dessous de 7 pence ³/₄.

Avant d'examiner les conséquences de cette baisse du change nous allons expliquer, en quelques mots, à quelles raisons elle doit être attribuée.

On peut dire qu'en abolissant l'esclavage, l'empire a porté le principal coup à la prospérité financière du pays. En effet, les propriétaires et les chefs d'exploitations agricoles qui possédaient de très nombreux esclaves et qui assuraient exclusivement leur main-d'œuvre au moyen de ces esclaves, se sont vus brusquement ruinés, du jour au lendemain, car ils n'ont reçu aucune indemnité du chef de l'affranchissement. Cette ruine a été d'autant plus profonde, que les esclaves mis en liberté n'ont plus voulu travailler et que la main-d'œuvre a manqué dans tout le pays. Les résultats de cette mesure, prise trop brusquement, ne se sont pas fait longtemps attendre; les propriétaires ont abandonné leurs exploitations et tout ce qui est nécessaire à l'alimentation a dû être importé.

Dans ces conditions l'or s'est fait de plus en plus rare et le change a baissé d'une manière continue. Cependant, un pays aussi riche que le Brésil ne pouvait rester perpétuellement dans cette situation : l'immigration est venue combler, peu à peu, les vides qu'avait créés l'affranchissement. La première culture qui a repris a été celle du café, comme étant la plus rémunératrice, et depuis peu de temps on recommence à cultiver les céréales.

Il n'est donc pas douteux que la richesse agricole du pays se reconstituera graduellement et que, comme conséquence, le change remontera.

A cette cause générale de la baisse du change, sont venues s'ajouter des causes spéciales qui ont aussi leur importance.

Tout d'abord, la révolution de 1889, qui a amené le remplacement de l'Empire par la République; puis, la longue lutte des Etats du Sud, qui voulaient se séparer de l'Union; ensuite, la révolte de la flotte qui a duré huit mois et a paralysé pendant tout ce temps le commerce de Rio; enfin, les spéculations commerciales qui, après la chute de l'Empire, ont amené la création de trop nombreuses Sociétés, constituées avec des apports excessifs, et sans fonds de roulement suffisants; ces Sociétés n'ont, naturellement, pu résister à la crise économique qui a sévi sur le pays et l'effondrement de ces entreprises a eu pour conséquence la chute des établissements de crédit ou banques d'émission de papier-monnaie, qui les avaient soutenues.

Une des premières mesures de gouvernement de la République a été d'unifier l'émission du papier-monnaie et de conserver à la Banque de la République seule, le droit de créer des billets de banque. Mais, par contre, il a fallu reprendre l'actif de toutes les banques d'émission, et le gouvernement d'une part, la Banque de la République d'autre part, se trouvent maintenant avoir sur les bras la plupart des grandes affaires industrielles du pays dont ils cherchent à se débarrasser. C'est grâce à cette situation qu'il est maintenant possible d'acquérir la plupart des entreprises de tramways et de chemins de fer du Brésil. Les chemins de fer de l'Etat eux-mêmes sont mis en adjudication et la mobilisation de toutes ces affaires va faire rentrer au Brésil l'or qui manque, et contribuer à l'amélioration progressive de la situation monétaire.

On croit généralement aujourd'hui qu'en présence d'une situation politique tout à fait affermie et d'une situation financière et agricole notablement améliorée, le change montera progressivement en peu de temps jusqu'à 12^d, pour se maintenir pendant quelque temps à ce prix avant d'atteindre les chiffres plus élevés que l'on avait connus antérieurement.

LES TRAMWAYS A RIO-DE-JANEIRO

La ville de Rio-de-Janeiro est la plus peuplée et la plus grande des villes de l'Amérique du Sud,

Assise au sud de la merveilleuse baie qui porte son nom, la ville paraît à première vue, lorsqu'on l'aperçoit de la mer, s'étendre dans une vaste plaine au pied de hautes montagnes dont on aperçoit les contreforts toujours couverts de verdure. Mais cette apparence est trompeuse, car tout au contraire le sol de Rio est très accidenté; seule la partie basse de la ville est à peu près plane. Tout le reste de la ville est composé de collines ou « morros », extrêmement nombreuses; on n'en compte pas moins d'une trentaine disséminées dans l'enceinte même de Rio-de-Janeiro.

Ces collines ne sont pas encore toutes bâties; tandis que les plaines situées à leur base sont complètement peuplées. Il en résulte que, bien que Rio n'ait qu'une population de 6 à 700,000 habitants, c'est une des plus grandes villes du monde, et c'est surtout une des villes où les distances sont les plus longues. C'est ainsi, par exemple, qu'il n'y a pas moins de 27 à 28 kilomètres pour se rendre du quartier du Jardin Botanique à Engenho-Novo, à l'autre extrémité de la ville en passant par le centre.

La vie à Rio est extrêmement active, et malgré l'étendue de son territoire, la population y est très dense. C'est la ville noctambule par excellence, et la circulation de jour et de nuit y est très active.

Toute l'activité commerciale de Rio est concentrée dans la cité; les rues y sont très étroites et tellement encombrées que les voitures ne peuvent y circuler que dans un seul sens.

La configuration de la ville de Rio a donné à son réseau de tramways une disposition toute spéciale. Ce réseau ressemble, en effet, à un immense éventail partant du centre de la ville pour s'épanouir dans toutes les directions.

Ce sont ces diverses conditions qui ont amené naturellement l'organisation spéciale de transports dont nous allons indiquer les principaux traits.

Les tramways de Rio ne ressemblent à ceux d'aucune autre ville au monde, car ils assurent la totalité des transports, tant des voyageurs que des marchandises; il n'y a presque pas de voitures à Rio, sauf pour le service des gares, et encore, leur tarif est tellement élevé (environ 5,000 reis la course), que personne ne s'en sert. Par contre, toutes les rues de la ville sont sillonnées de lignes de tramways.

Comme l'on trouvera aux annexes, pour chacune des Compagnies que nous allons mentionner, les détails les plus complets que nous avons pu nous procurer, nous ne donnerons ici qu'une description sommaire de ces différents réseaux.

COMPAGNIE DU JARDIN BOTANIQUE

La Compagnie du Jardin Botanique est la plus ancienne des diverses Compagnies de tramways de Rio; elle dessert aujourd'hui tout l'Est de la ville et les quartiers riches.

Elle a environ 62 kilomètres de développement de voies, et transporte 25 millions de voyageurs avec un parcours annuel de

5,000,000 kilomètres-voitures, en réalisant une recette d'environ 2,700 contos, laissant un bénéfice de 677 contos.

La traction de la Compagnie du Jardin Botanique se fait par mules comme celle des autres Compagnies de Rio, à l'exception d'une partie du réseau (environ 8 kilom.), sur laquelle a été installée la traction électrique. C'est la General Electric Company de New-York qui a exécuté ces travaux de transformation. La Compagnie du Jardin Botanique n'a pas de concurrents, car elle est seule à assurer le transport dans toute la partie Est de la ville qu'elle dessert.

COMPAGNIE DES CARRIS URBANOS

La Compagnie des Carris Urbanos, dont le réseau comporte 68 kilomètres de voies, assure spécialement tout le service des transports dans la cité ou dans le centre de la ville. Son service est mixte et effectue le transport des marchandises et celui des voyageurs. Le nombre de voyageurs transportés annuellement atteint près de 30 millions et les recettes sont de 3,600 contos environ, laissant un bénéfice de 900 contos. La voie des Carris Urbanos est à l'écartement de 0.82 centimètres, tandis que la plupart des autres lignes de Rio sont à l'écartement normal de 1 m. 44; on a été obligé d'adopter cet écartement à cause du peu de largeur des rues desservies.

COMPAGNIE DE SAINT-CHRISTOPHE

Le réseau de la Compagnie de Saint-Christophe, qui part du centre de la ville, dessert le sud par sa ligne de Tijuca, et l'est par la ligne de Cadejou. La longueur de ce réseau est d'environ 63 kilomètres de voies; elle transporte 23 millions de voyageurs, fait une recette d'environ 2,800 contos laissant un bénéfice de 850 contos. Cette Compagnie est celle des Compagnies de Rio qui est la mieux administrée. La traction s'y fait par mules comme dans les autres Compagnies ; mais le service du contrôle est mieux organisé, la voie et les voitures sont mieux entretenues ; et, comme la Société n'a pas de dettes, elle n'est pas obligée de recourir au crédit.

VILLA-ISABEL — VILLA-GUARANY — CACHAMBY

La Compagnie de Villa-Isabel dont nous nous occuperons tout spécialement dans ce rapport à 66 kilomètres de voie; elle est aujourd'hui formée par la fusion de l'ancienne Compagnie de Villa-Isabel avec les deux Compagnies de Cachamby et de Villa-Guarany. Les lignes de cette Compagnie partent également du centre de la ville et sont, sur une partie de leur parcours, parallèles à celles de la Compagnie de Saint-Christophe, pour venir ensuite desservir les quartiers Andarahy, Villa-Isabel, Cachamby, Guarany, Engenho-Novo et se prolonger parallèlement au chemin de fer central. Elle transporte annuellement 9,000,000 de passagers, fait 1,450 contos de recette qui laissent un bénéfice de 160 contos. L'écartement de la voie du réseau de l'ancienne Compagnie Villa-Isabel est de 1 m. 44, tandis que celui de Villa-Guarany et Villa-Cachamby n'est que de 0 m. 82, ce qui nécessite des transbordements désavantageux.

COMPAGNIE DE CARIOCA

Le réseau de la Compagnie de Carioca ou Sainte-Thérèse part également du centre et dessert le quartier de Sainte-Thérèse en passant sur un long viaduc qui domine en la basse ville. L'exploitation de la Compagnie Sainte-Thérèse vient d'être transformée en partie à l'électricité ; elle transportait environ 1,000,000 de passagers, et depuis sa transformation l'augmentation a été de 111 %. L'installation de la traction électrique est trop récente pour qu'il nous soit possible de donner les résultats produits par cette transformation.

RÉSUMÉ

En résumé, le capital-actions des différentes Compagnies de tramways de Rio s'élève à 37,500 contos et les bénéfices réalisés par ces Compagnies en 1895, sous déduction de la somme nécessaire au service des obligations, est de 2,000 contos, laissant un revenu net moyen de 5.35 %.

Les diverses concessions, accordées aux Compagnies de tramways de Rio, expiraient toutes entre 1900 et 1907 ; toutefois, d'après une décision prise par la municipalité de la ville (décret 203 du 14 novembre 1895), les Compagnies ont le droit de proroger leurs concessions jusqu'en 1930, moyennant le paiement à la ville d'annuités proportionnelles à leur longueur kilométrique et à leur trafic.

Quatre de ces Compagnies ont jusqu'à présent usé de cette faculté, ce sont : la Compagnie du Jardin Botanique, les Carris Urbanos, Saint-Christophe et Sainte-Thérèse.

La Compagnie de Villa-Isabel est en ce moment en instance auprès de la municipalité pour se mettre d'accord sur cette question de prorogation.

En général, les tramways de Rio, à l'exception de ceux de Saint-Christophe, ne sont pas économiquement administrés et le contrôle des recettes est fait d'une façon tout à fait insuffisante.

Un des traits caractéristiques de l'exploitation de tramways à Rio, c'est que le mot « *complet* » n'existe pas. On monte dans les voitures sans se préoccuper de savoir si toutes les places sont prises. Le public prend d'assaut les tramways en marche et se tient sur les plates-formes, si l'on peut appeler plate-forme l'étroite planche qui longe les voitures de chaque côté ; et, comme les rues sont très étroites, et qu'en conséquence l'écartement des voitures aux croisements est insuffisant, les voyageurs doivent, à l'appel des cochers, se rejeter, soit à droite, soit à gauche, vers l'intérieur de la voiture, jusqu'à ce que l'obstacle soit franchi. On conçoit qu'il soit difficile, dans de semblables conditions, d'effectuer la recette et de la contrôler. Le mode de perception adopté aggrave de plus cette difficulté. Le receveur, en effet, se borne, lorsqu'il reçoit le paiement d'une place occupée, à déchirer un ticket et à en jeter les morceaux au vent. Il lui est donc loisible de ne pas déchirer le ticket, ou de n'en déchirer qu'un seul lorsqu'il reçoit les places de deux ou trois voyageurs, ou même de déchirer un morceau de papier d'une couleur analogue à celle du ticket. Une semblable manière d'opérer rend impossible tout contrôle sérieux.

D'après nos renseignements, il paraîtrait difficile de faire adopter par les habitants de Rio l'habitude de conserver les tickets qui représentent le prix de leurs places. Il faudrait donc, si on voulait éviter un trop grand coulage, en arriver à adopter un système de sonnerie quelconque, soit une sonnerie portative, soit une sonnerie à cadran.

On trouvera aux annexes tous les renseignements statistiques que nous possédons sur ces diverses Compagnies.

CONCESSIONS DES TRAMWAYS DE VILLA-ISABEL VILLA-GUARANY, VILLA-CACHAMBY

Nous n'entrons pas dans les détails de l'examen de ces concessions, car la Compagnie de Villa-Isabel est en ce moment en pourparlers avec la municipalité de Rio pour unifier les divers contrats qui régissent l'exploitation de son privilège qui expire en 1907 pour Villa-Isabel, en 1915 pour Villa-Guarany et en 1918 pour Cachamby. Nous avons dit, dans l'exposé que nous avons fait des tramways de Rio, que la municipalité avait admis à certaines conditions la prorogation des concessions des diverses Compagnies jusqu'en 1930. C'est en se basant sur ces décisions antérieures, que la Compagnie de Villa-Isabel a saisi le Conseil municipal d'un projet qui parait près d'aboutir et dont voici la traduction :

ARTICLE PREMIER. — Le Préfet est autorisé à unifier tous les décrets et contrats qui régissent les Compagnies de Villa-Isabel, V. Guarany et V. Cachamby, lesquelles Compagnies seront réunies en une seule sous le nom de Compagnie de Villa-Isabel, et à proroger jusqu'au 31 décembre 1930 le délai des concessions accordées aux trois Compagnies ci-dessus.

Paragraphe unique. — Le Préfet est également autorisé à étendre la prorogation des délais de concessions jusqu'au 31 décembre 1950, tant pour les trois Compagnies ci-dessus que pour les autres Compagnies de tramways du district fédéral. Cette seconde prorogation pourra se faire au moment où on fera la revision des contrats suivant les termes du décret du 14 novembre 1895 et après que les Compagnies auront adopté dans toutes leurs lignes et branchements la traction soit électrique soit mécanique, soit tout autre dont l'avantage aura été établi d'une manière indiscutable.

ART. 2. — L'écartement de la voie de Villa-Guarany sera le même que celui de la voie de Villa-Isabel et le parcours s'effectuera sans transbordement.

Paragraphe unique. — La Compagnie de Villa-Isabel aura également le droit d'unifier l'écartement de la voie de Cachamby, avec le reste de son réseau.

ART. 3. — La ligne qui dessert actuellement Engenho-Novo, sera prolongée jusqu'à Todos os Santos. Pour réaliser ce prolongement, la nouvelle voie se branchera dans le tronçon compris entre le passage à niveau de la station de San Francisco Xavier et la station de Engenho-Novo. Le branchement traversera la voie du chemin de fer central à l'endroit qui offrira le plus de garantie de sécurité pour les voyageurs (en évitant si possible, et même au prix de travaux importants, tout croisement à niveau).

Le nouveau branchement longera ensuite le côté droit du chemin de fer central, dans la direction du square d'Engenho-Novo, en suivant, si possible, les rues du Jockey-Club et Anna-Néry, jusqu'à la station de Sampaio. De là, la ligne prendra la rue Souza-Barros et après suivra les rues Archias-Cordeiro jusqu'à Todos os Santos.

ART. 4. — La ligne d'Inhuma partira de la station de Todos os Santos et ira joindre la ligne actuellement existante qui se termine à Matriz de Inhuma. Le service sera fait sans transbordement.

ART. 5. — De la station de Todos os Santos, il partira également une nouvelle ligne qui ira jusqu'à Cascadura en suivant les rues Jose-Bonifacio et la route de Santa-Cruz. La Compagnie aura la faculté d'établir des branchements dans la direction des stations de Encantado, Piedade ou Cupertino.

ART. 6. — La ligne de Boca do Matto qui, s'il est possible, partira de la station d'Engenho-Novo, sur le côté gauche du chemin de fer central, sera prolongée jusqu'à la station d'Engenho de Dentro par les rues Dias-da-Cruz et Engenho-Dentro. La Compagnie aura la faculté de prolonger ultérieurement jusqu'à Piedade.

Paragraphe unique. — La Compagnie devra abaisser le niveau de la rue Diaz-da-Cruz, dans la partie comprise entre les rues D. Adélaïde et Camarista Meyer. Elle élargira également cette rue à la condition que les propriétaires riverains lui cèdent gratuitement le terrain nécessaire.

Art. 7. — La Compagnie devra construire à ses frais une école de premier rang dans un endroit qui lui sera indiqué par la Préfecture.

Art. 8. — La Compagnie devra partager avec la municipalité tous les bénéfices nets qui excéderont un dividende de 8 °/₀ attribué aux actionnaires.

Art. 9. — La Compagnie devra adopter la traction électrique ou tout autre mode de traction mécanique dont la préférence sera justifiée par des avantages incontestables.

Art. 10. — Tous les travaux nécessaires pour réaliser les modifications prévues au présent contrat, devront être terminés dans un délai de quatre ans à dater de la signature du contrat par la Préfecture. Toutefois les travaux de l'embranchement d'Inhuma (dans le tronçon entre les rues Jose-Bonifacio et la station de Todos os Santos) et la ligne de Boca do Matto jusqu'à Engenho-Dentro devront être terminés et livrés à l'exploitation même à titre provisoire dans un délai d'un an.

Art. 11. — Après l'expiration du délai de la concession, la municipalité entrera en possession, sans aucune indemnité, de tout le matériel fixe et roulant et de tous les dépôts appartenant à la Compagnie.

Art. 12. — Toutefois, si, après l'expiration de la concession, la municipalité n'exploite pas elle-même et qu'elle afferme les lignes, la Compagnie de Villa-Isabel aura la préférence sur tout autre concurrent à prix et conditions égales.

Art. 13. — La prorogation de la concession accordée par le présent contrat ne sera valable que lorsque la Compagnie aura construit toutes les lignes, branchements et effectué tous les travaux indiqués dans les articles 2 à 9 inclusivement du présent contrat.

Art. 14. — Le Préfet devra fixer dans le contrat de prorogation le tarif des passagers, celui des bagages et marchandises, et approuver les conditions du trafic et l'horaire. Toutefois, cet horaire pourra être modifié lorsque le service public l'exigera. La Compagnie est dispensée de toute subvention quelconque, et de toute charge pécuniaire vis-à-vis de la municipalité. La Préfecture pourra frapper la Compagnie d'amendes allant jusqu'à un conto pour irrégularité dans le service.

Art. 15. — La Compagnie pourra organiser des trains de plusieurs voitures sur ses lignes.

Art. 16. — Toute contestation pouvant exister entre la Préfecture et la Compagnie pour l'interprétation du présent contrat, sera soumise à l'arbitrage. La Compagnie et la Préfecture choisiront respectivement un arbitre et si les deux arbitres ainsi choisis ne peuvent arriver à se mettre d'accord, un troisième arbitre, tiré au sort parmi deux autres arbitres indiqués par les deux parties, tranchera le différend.

Art. 17. — La Compagnie devra accorder des permis de circulation aux autorités et fonctionnaires, et dans les mêmes conditions que le font actuellement les Compagnies du Jardin Botanique et de Saint-Christophe, ainsi que les Carris Urbanos.

Art. 18. — Le tracé des lignes qui a été indiqué ci-dessus ne pourra être modifié sans l'approbation du Préfet.

Art. 19. — Toute interruption du trafic, non justifiée, sera punie d'une amende de 500.000 reis par heure. Si cette situation se prolongeait pendant plus de vingt-quatre heures, le présent contrat pourrait être résilié et la concession annulée.

On admettra comme justification tous les cas de force majeure, tels que grève d'employés, accidents de machines, inondations, ou toute autre cause suivant le jugement du Préfet.

Paragraphe unique. — L'annulation des contrats et le retrait de la concession ne seront valables qu'après l'approbation du Conseil municipal.

Art. 20. — Pour l'exécution des clauses du présent contrat, qui aura force de loi, la Compagnie aura le droit d'exproprier pour utilité publique les terrains et immeubles nécessaires à ses constructions et à l'établissement de ses lignes.

Art. 21. — Toutes les dispositions contraires au présent contrat sont de plein droit rapportées.

Le projet de contrat ci-dessus ne soulève de notre part qu'une observation importante. Nous pensons, relativement à l'article 8, qu'il serait préférable de ne pas avoir à discuter avec la municipalité l'établissement des comptes et le partage des bénéfices. Une telle situation est pleine de dangers, car l'intérêt des parties est essentiellement différent.

La Compagnie doit, en effet, avant tout, faire les amortissements nécessaires, puisqu'à l'expiration de la concession la municipalité devient propriétaire de tout son actif. Le Conseil municipal, au contraire, aura intérêt à toucher le plus de bénéfices possible.

Dans ces conditions, nous estimons que cet article devrait être remplacé par le paiement d'une redevance fixe. Il en est ainsi pour toutes les autres Compagnies.

Nous savons d'ailleurs que les intéressés ont fait auprès de la municipalité des démarches dans ce sens et nous croyons qu'elles ont toutes chances d'aboutir.

Il y aurait également lieu d'examiner la question de l'écartement de la voie. Nous croyons qu'en vue d'opérations ultérieures et même d'accords à faire avec d'autres Compagnies, telles que la Compagnie des Carris Urbanos, on aurait intérêt à adopter l'écartement de 1 mètre, afin de pouvoir faire pénétrer les lignes de Villa-Isabel plus avant encore dans le centre de la ville, où l'écartement de 1 m. 44 ne pourrait pas être admis à cause du peu de largeur des rues.

En résumé, comme nous l'avons dit plus haut, nous ne croyons pas qu'il y ait lieu de discuter les termes des contrats actuels, puisqu'il est évident qu'il ne serait pas possible d'engager des capitaux dans cette entreprise si la concession n'était pas prorogée. Les conditions de prorogation, dont nous venons de donner le projet, nous paraissent parfaitement acceptables, sauf en ce qui concerne la clause de l'article 8.

DESCRIPTION DU RÉSEAU DE VILLA-ISABEL

Voies. — Les différentes lignes de tramways actuellement exploitées par la Compagnie de Villa-Isabel ont une longueur totale de 66 kilom. 711, en y comprenant les voies doubles, les évitements et les garages, soit :

Villa Isabel....................	41.024
Villa Guarany..................	9.000
Villa Cachamby...............	16.687
Total.....	66.711

L'écartement de la voie est pour Villa-Isabel de 1ᵐ44, pour Villa-Guarany et Cachamby de 0ᵐ82.

Les lignes sont en assez bon état d'entretien normal; toutefois, le poids des rails (environ 20 kilos pour Villa-Isabel et 12 kilos pour Villa-Guarany et Cachamby) est insuffisant, et, pour la traction électrique, il y aura lieu de remplacer la voie en totalité par du rail genre Phénix, de 44 kilos. En général, les courbes sont normales et ne donnent lieu à aucune observation importante. Elles pourront être conservées dans l'exploitation future.

Les rampes existantes sont faibles et n'offrent aucune difficulté au point de vue de la traction électrique. Il existe une seule rampe de 40 ᵐ/ₘ par mètre sur une longueur de 180 mètres.

Matériel. — Le matériel de la Compagnie Villa-Isabel comporte 124 voitures, tant pour voyageurs que pour marchandises.

La ligne de Villa-Guarany possède 20 voitures et celle de Cachamby 21.

Ces voitures sont des voitures ouvertes, sans impériale, du type « Jardinière » dont la photographie est annexée au présent rapport.

Celles de Villa-Isabel sont de 32 places, celles de Villa-Guarany et de Cachamby sont de 18 places. Ces voitures ne sont pas en très bon état d'entretien et il y aura lieu d'examiner s'il convient de les conserver comme voitures de remorque, en y faisant les modifications nécessaires.

Cavalerie. — La cavalerie se compose de 1,300 mules environ pour les trois Compagnies réunies. Ces mules sont en bon état, bien qu'elles fassent un service très actif.

Dépôts. — La Compagnie de Villa-Isabel possède les dépôts suivants :

A. **Sur le boulevard Saint-Christophe.** — Un édifice servant de remise, atelier et écurie, un chalet servant de bureau et la surface du terrain attenant. Ce terrain, en forme de triangle, a 210 mètres de façade sur le boulevard.

B. **Ecuries sur le boulevard Saint-Christophe.** — Sur l'autre côté du boulevard une remise en forme de chalet et un terrain pour parquer les mules ; ce terrain a quatre façades dont une de 185 mètres sur la rue Saint-Christophe, une de 230 mètres sur le boulevard du même nom, une de 70 mètres sur la rue Fonseca-Lima et la quatrième de 45 mètres sur une rue récemment percée (rue de Minas-Geraes).

C. **Un terrain** contigu à la rue Fonseca-Lima de $22^m \times 44^m$.

D. **Un grand domaine** (connu sous le nom de Grande-Oriente) situé sur la rue Fonseca-Lima et bâti sur un terrain de $80^m \times 40^m$. Les parties louées de ce domaine rapportent annuellement à la Compagnie 6:400$000. ·

E. **Un domaine** nommé « Trez Chalets » à l'angle de la rue Viscomte-Saint-Isabel et un terrain contigu destiné au service d'une agence de la Compagnie.

F. **Terrain** de « Engenho-Novo » sur la rue du Vingt-Quatre-Mai.

G. **Propriétés de Villa-Guarany.** — Un terrain situé dans la Villa-Guarany avec façades sur la place Francisco-Eugenio et la rue Formoza, sur lequel sont bâties les stations, remises et toutes autres dépendances de cette section. Partie de ce terrain est municipal.

H. **Propriétés de Cachamby.** — Dépôts et magasins situés dans la rue de Goyas à proximité du chemin de fer central.

Nota : Tous ces terrains désignés sous les lettres de *A* à *G* sont inscrits au bilan pour Rs 690:594$560 ou Fr. 580.099,43. Une partie de ces dépôts est louée et rapporte annuellement Rs. 22:492$032 ou Fr. 18.493,55.

TARIFS

Les tarifs de Villa-Isabel sont de 100 reis et 200 reis, soit au change actuel, 0,084 et 0,168.

Ceux de Villa-Guarany sont de 100 reis, et ceux de Cachamby de 100 et 200 reis.

Ces tarifs au change actuel sont extrêmement réduits; mais il faut considérer qu'ils ont été établis lorsque le change était au pair et qu'ils représentaient alors un peu plus de 0,25 par section et de 0,50 pour deux sections.

Les chemins de fer, qui ont de même que les tramways subi la baisse du change, ont obtenu des autorités une échelle mobile leur permettant de faire varier leurs tarifs dans une certaine proportion avec la hausse et la baisse du change.

Il a été question pour les Compagnies de tramways de démarches à faire pour arriver au même résultat. Nous pensons cependant que la question est très délicate et qu'elle serait difficile à résoudre. Le public étant habitué à l'unité de 100 reis se résoudra difficilement à payer davantage, d'autant plus que les salaires ne croissent pas proportionnellement avec la hausse du change.

SITUATION FINANCIÈRE
DE LA COMPAGNIE DE VILLA-ISABEL

L'étude de la situation financière de la Compagnie de Villa-Isabel comprendra :

1° L'évaluation de l'actif;

2° La discussion des résultats de l'exploitation actuelle.

Cette étude est basée sur les renseignements que nous avons pu recueillir sur place, avec le concours de M. l'Ingénieur A. Alvim, ainsi que sur le Bilan et les comptes de Profits et Pertes qui ont été mis à notre disposition par la Compagnie.

Afin de faciliter la lecture des sommes qui figurent dans ces comptes, nous avons donné en regard des reis les valeurs correspondantes en francs, calculées au change de 8ᵈ, soit à fr. 0,84 par milreis.

Bilan au 31 Décembre 1896.

ACTIF

Voie ferrée (Villa-Isabel) 41,024 m. Rs	2.164:333$540	Fr.	1.818.040 17
Matériel roulant	298:158$840		250.453 43
Cavalerie	256:966$980		215.852 26
Harnais et accessoires	37:087$900		31.153 84
Propriétés immobilières	685:020$280		575.417 04
Machines et outillage	18:363$040		15.424 95
35 titres de rente (Dette publique)	35:813$200		30.083 09
200 actions de la Cⁱᵉ du Jardin Botanique	40:000$000		33.600 »
20 obligations du Club démocratique	200$000		168 »
48 obligations de la Cⁱᵉ (rachat de titres)	9:600$000		8.064 »
Mobilier (bureau et stations)	4:035$410		3.389 74
Moutons et boucs	567$000		476 28
Dépôt des administrateurs	60:000$000		50.400 »
Tramways de Guarany, compte capital (lignes, voitures, stations, etc.)	391:280$310		328.675 46
Tramways de Cachamby, compte capital (lignes, voitures, stations, etc.)	626:926$210		526.618 02
Cⁱᵉ du Jardin Botanique, intérêts sur emprunts	58:785$720		49.380 01
Fourrages	991$180		832 59
Débiteurs divers	12:445$040		10.453 83
Matériel en magasin	53:249$670		44.729 72
Banque de la République, solde en compte courant	55:000$000		46.200 »
Espèces en caisse	14:653$110		12.308 61
Total de l'Actif.....Rs	4.823:477$430	ou Fr.	4.051.721 04

Bilan au 31 Décembre 1896.

PASSIF

Capital (15.000 actions).......... Rs	3.000:000$000 ou Fr.	2.520.000 »
Fonds de réserve..................	127:658$130	107.232 83
Obligations (436)	97:200$000	81.648 »
Intérêts d'obligations à payer........	4:017$000	3.374 28
José Pereira de Rocha Paranhos.......	4:505$870	3.784 93
Francisco de Paula Mayrinck.........	19:600$000	16.464 »
Banco da Credito Real do Brazil.......	9:000$000	7.560 »
Banco de Republica do Brazil, transfert du compte de la Banque de Constructions du Brésil...............	809:820$320	680.249 07
Cautionnements des employés........	48:960$000	41.126 40
Cautionnements des fournisseurs......	18:500$000	15.540 »
Dépôts des Administrateurs..........	60:000$000	50.400 »
Caisse de secours..................	24:317$450	20.426 66
Obligations amorties à rembourser....	26:400$000	22.176 »
Créanciers divers..................	103:313$680	86.783 49
Solde du compte de Profits et Pertes...	470:184$980	394.955 38
Total du Passif...... Rs	4.823:477$430 ou Fr.	4.051.721 04

Examen du bilan. — En décomposant les chiffres de l'Actif et du Passif, il est facile de voir que la Compagnie ne dispose pas d'un fonds de roulement suffisant.

Nous trouvons en effet au Passif les sommes suivantes :

Intérêts d'obligations	Rs	4:017$000	Frs.	3.374 28
José Pereira de Rocha Paranhos.................		4:505$870		3.784 93
Fr. de Paula Mayrink.....		19:600$000		16.464 »
Banque de Crédit du Brésil		9:000$000		7.560 »
Banque de la République..		809:820$320		680.249 07
Cautionnements des employés		48:960$000		41.126 40
Cautionnements des fournisseurs...............		18:500$000		15.540 »
Caisse de secours		24:317$150		20.426 66
Obligations à rembourser..		26:400$000		22.176 »
Créanciers divers		103:318$680		86.783 49
	Rs 1.068:434$320	Rs 1.068:434$320	Fr. 897.484 83	Fr. 897.484 83
Obligations..............		97:200$000		86.783 49
Total du passif..........		Rs 1.165:634$320		Fr. 984.268 32

En regard de ce total nous trouvons à l'Actif comme valeurs réalisables les sommes suivantes :

Titres de rente	Rs	35:813$200	Fr.	30.083 09
Actions de la Compagnie du Jardin Botanique....		40:000$000		33.600 »
Obligations du Club Démocratique...............		200$000		168 »
Compagnie du Jardin Botanique...................		58:785$720		49.380 01
Fourrages...............		991$180		832 59
Débiteurs divers.........		12:445$040		10.453 83
Banque de la République..		55:000$000		46.200 »
Espèces en caisse.........		14:653$110		12.308 61
	Rs 217:888$250	Rs 217:888$250	Fr. 183.026 13	Fr. 183.026 13

On voit que l'actif réalisable de la Compagnie de Villa-Isabel est notablement inférieur à son passif exigible. Cette situation met la Compagnie dans l'impossibilité absolue d'exploiter économiquement sa concession, en la forçant à recourir à des opérations de crédit pour ses approvisionnements, sans qu'il lui soit, d'ailleurs, possible de distribuer à ses actionnaires la plus faible partie des bénéfices réalisés sur l'exploitation.

RÉSULTATS DE L'EXPLOITATION ACTUELLE

Progression des recettes. — Les recettes d'exploitation avaient été :

En 1886.....................Rs	632:860$100
En 1887.....................	705:081$439
En 1888.....................	721:110$515
En 1889.....................	739:095$940
En 1890.....................	781:137$100
En 1891.....................	966:748$880
En 1892.....................	1.141:517$670
En 1893.....................	1.237:554$230
En 1894.....................	1.351:864$300
En 1895.....................	1.361:032$140

L'exercice du 1ᵉʳ janvier 1896 au 31 décembre de la même année a donné......................................Rs 1.458:952$070

On peut constater par ce tableau que depuis 1896, les recettes ont plus que doublé, et cependant il convient de remarquer que ces recettes sont effectuées avec de très petites voitures de 32 places, et avec un matériel insuffisant.

Nous croyons de plus devoir donner ici quelques explications sur l'ensemble du réseau de Villa-Isabel.

Comme nous l'avons expliqué plus haut, la Compagnie originaire de Villa-Isabel n'a qu'un réseau de 25 kilomètres. Les diverses branches de ce réseau ont une partie commune de 4 ou 5 kilomètres, c'est celle qui pénètre dans le centre de Rio; sur cette partie, les voitures se succèdent toutes les deux ou trois minutes et la recette kilométrique est très considérable, mais en réalité, les lignes de la Compagnie ne peuvent pas se développer normalement, parce qu'elles ne sont pas prolongées suffisamment pour faire concurrence au chemin de fer, et en second lieu, parce que la traction par mules n'est pas assez rapide et que le service est, au point de vue des horaires, assez mal organisé.

Malgré ces conditions défectueuses, les 25 kilomètres de Villa-Isabel font une recette très satisfaisante puisqu'elle s'élève à un million de francs environ; ce qui donne donc 40.000 francs par kilomètre. Avec le tarif extrèmement réduit imposé sur ces lignes (100 reis et 200 reis, c'est-à-dire 0 fr. 084 et 0 fr. 168), ce sont des résultats extrèmement satisfaisants.

4

Les deux embranchements de Cachamby et Guarany, qui représentent un réseau de plus de 20 kilomètres, donnent des produits bien moins importants : à peine 200.000 fr. par an, soit 10.000 francs par kilomètre. Il n'est pas difficile de s'expliquer ces résultats.

Ces embranchements n'ont pas le même écartement de voie que la ligne centrale, en conséquence, les voyageurs doivent être transbordés et, de plus, pour Cachamby, celui des deux réseaux qui est le plus important, le point terminus se trouve séparé du point terminus de Villa-Isabel par la ligne du chemin de fer.

Du jour où l'on aura unifié les voies et où les voyageurs pourront aller directement du centre de la ville à Guarany et Cachamby, les recettes de ces deux lignes deviendront à peu près équivalentes à celles des autres lignes, et les embranchements au lieu d'être une charge pour la Société deviendront pour elle une source d'importants bénéfices.

Les recettes en 1896 correspondent aux chiffres suivants :

Au change de :

Villa-Isabel.	8d	9d	10d	11d	12d
	Fr.	Fr.	Fr.	Fr.	Fr.
Recette totale d'exploitation	1.000.000	1.125.000	1.250.000	1.375.000	1.500.000
Recette par kilomètre.....	40.000	45.000	50.000	55.000	60.000
Recette par kilom.-voiture..	0 fr. 52	0 fr. 585	0 fr. 65	0 fr. 715	0 fr. 78
Villa-Guarany et Cachamby.					
Recette totale d'exploitation	194.470	218.770	243.070	267.370	291.670
Recette par kilomètre	9.700	10.900	12.100	13.300	14.500
Recette par kilom.-voiture .	0 fr. 32	0 fr. 36	0 fr. 40	0 fr. 44	0 fr. 48

Enfin, il y a lieu de remarquer que le mode de perception à Rio est tout à fait défectueux, et que, comme nous l'avons expliqué, il n'est pas douteux qu'un contrôle sérieux ferait augmenter les recettes dans une proportion qui ne serait pas inférieure à 10 % et qui peut-être dépasserait ce chiffre.

Dépenses d'exploitation. — Nous donnons ci-dessous en francs le compte de Profits et Pertes de l'exercice 1896 tel qu'il nous a été fourni par le directeur de la Compagnie.

COMPTE DE PROFITS ET PERTES

DÉBIT	Fr.	CRÉDIT	Fr.
Tramways Cachamby, exploitation et entretien	117.387 34	Solde au 31 décembre 1895	279.138 28
Nourriture des mu'es	408.456 29	Produits de l'exploitation de Cachamby 127.598 95	
Entretien de la voie	102.517 54	Rendem' des lign. 1.066 870 48	1.194.470 43
— des voitures	77.518 20	Locations 18.893 55	
— des harnais	17.181 90	Recettes accessoir. 12.155 76	31.049 31
Conducteurs et cochers	189.122 07	Différent' inscript'. 7.471 21	
Contrôleurs et employés	46.449 84	Intérêts et escompt. 5.659 17	13.150 38
Appointements des directeurs	21.798 »		
Employés de l'administration centrale	24.765 28		
Versements à la Municipalité	6 720 »		
Loyers et entretien d'immeubles	12.496 91		
Dépenses diverses.. 32.197 27			
— accident'''' 2.272 28	34.469 55		
Impôts 10.546 92			
Assurances 550 77	11.097 69		
Intérêts et escomptes 7.918 18			
Pertes sur ce compte 29.179 18	37.097 36		
Fonds de réserve : 6 °/₀ sur le bénéfice net vérifié de l'année (Fr. 134.956 60)	8.049 05		
Divers débits dans le semestre	13.576 »		
50 actions Jardin zoologique	4 200 »		
Solde au 31 décembre 1896	394.955 38		
TOTAL...... Fr. 1.517.808 40		Fr. 1.517.808 40	

Ce compte de Profits et Pertes n'est pas très clair et il faut se livrer à un travail de comptabilité assez compliqué pour arriver à en faire ressortir le bénéfice net d'exploitation qui, d'après les livres, serait de Rs : 160:590$000 ou Fr. 134.956,60 au change de 8ᵈ.

Mais l'examen de ce compte n'offre pas grand intérêt puisque, comme nous l'avons dit, la municipalité impose la traction mécanique, ce qui entraîne la transformation complète de la Compagnie. La seule question intéressante à examiner, est donc celle de cette transformation et des résultats que l'on peut en obtenir.

TRANSFORMATION DE LA TRACTION ANIMALE
EN TRACTION ÉLECTRIQUE

Nous diviserons cette étude en deux parties :
Devis des dépenses de transformation.
Résultat de l'exploitation électrique.

DEVIS DE TRANSFORMATION DES TRAMWAYS DE VILLA-ISABEL A RIO-DE-JANEIRO

Longueur kilométrique du réseau..............		81 k. 711 m.
se décomposant comme suit :		
Villa-Isabel	41 k. 024 m.	
Villa-Guarany..................	9 000	
Villa-Cachamby................	16 687	
Longueur actuelle.........	66 k. 711 m.	
Nouvelles lignes à construire......	15 000	
	81 k. 711 m.	
Écartement de la voie : un mètre.		
Poids des rails, le mètre courant..	44 k. 000	
(Type de rail genre **Phénix**).		

RÉSUMÉ DU DEVIS DE LA VOIE

	PRIX DE L'UNITÉ	PRIX TOTAL
66 k. 711 m. en chaussée pavée..............	30.700 »	2.048.027 70
15 kilomètres en chaussée empierrée..........	25.000 »	375.000 »
Plus-value pour aiguillages, croisements, voies spéciales, au kilomètre sur 81 k. 711 m.......	1.250 »	102.138 »
Voies d'accès au dépôt......................		8.000 »
(*Ces prix ne comprennent pas le transport et la douane*).		
Total de la voie......................		2.533.165 70

Terrains et bâtiments.

	PRIX DE L'UNITÉ	PRIX TOTAL
12.000 m² de terrain........................	(mémoire)	(mémoire)
5.000 m². Bâtiments (fondations jusqu'à 2 mètres de profondeur)...........................	50 »	250.000 »
Supplément pour pousser les fondations sur le terrain solide (14 mètres) ou sur pilotis (y compris les fondations des machines).....		200.000 »
Travaux supplémentaires....................		26.000 »
Voies à l'intérieur du dépôt...................		40.000 »
Ligne aérienne à l'intérieur du dépôt..........		3.000 »
Total des terrains et bâtiments..........		519.000 »

Partie mécanique.

	PRIX DE L'UNITÉ	PRIX TOTAL
4 machines à vapeur de 400 chevaux...............	50.000 »	200.000 »
8 chaudières de 160 m² de surface de chauffe....	20.000 »	160.000 »
Tuyauterie générale...........................		40.000 »
Pompe alimentaire et réservoirs...............		8.000 »
Rampe d'entourage............................		5.400 »
Réservoir d'huile.............................		3.200 »
Calorifuge général...........................		3.200 »
Plancher complet de la salle des machines et chaudières		8.800 »
Réfrigérant avec la pompe centrifuge...........		16.000 »
Fondation des machines à 2 mètres de profondeur (compris la pierre de taille des machines).....		24.000 »
Fondation des chaudières à 2 mètres...........		24.000 »
Cheminée avec parafoudre pour 1.600 chevaux...		16.000 »
Fondations de la cheminée....................		4.000 »
Fumisterie et maçonnerie.....................		32.000 »
Citerne pour l'alimentation et puisard de purge...		2.400 »
Montage et mise en route.....................		20.000 »
Emballage...................................		12.000 »
Courroies...................................		13.600 »
Total de la partie mécanique............		**592.600 »**

Partie électrique.

	PRIX DE L'UNITÉ	PRIX TOTAL
4 dynamos de 300 kilowatts	30.000 »	120.000 »
4 fondations de dynamos..................	2.000 »	8.000 »
12 tableaux de distribution.................	4.000 »	48.000 »
12 caniveaux de raccordement.............	500 »	6.000 »
12 câbles de raccordement,................	500 »	6.000 »
4 montages et mise en marche............	1.000 »	4.000 »
12 montages de tableaux...................	200 »	2.400 »
Eclairage de l'usine : 160 lampes...........	25 »	4.000 »
Total de la partie électrique		**198.400 »**

Matériel roulant.

	PRIX DE L'UNITÉ	PRIX TOTAL
90 trucks de voitures automobiles munis de freins à sabot................................	1.600 »	144.000 »
90 caisses de voitures automobiles ouvertes...	3.000 »	270.000 »
180 moteurs de 25 chevaux..................	2.200 »	396.000 »
90 trolleys Dickinson.....................	200 »	18.000 »
90 équipements doubles...................	1.672 »	150.480 »
90 montages.............................	650 »	58.500 »
Total du matériel roulant............		**1.036.980 »**

Ligne aérienne.

	PRIX DE L'UNITÉ	PRIX TOTAL
1.950 poteaux (81 kil. 711 mèt.) pour 65 kilom. environ de développement de ligne, simple et double voie, à..........................	100 »	195.000 »
1.950 consoles................................	45 »	87.750 »
1.950 poses et peintures.....................	30 »	58.500 »
81 k. 711 de ligne aérienne à 4.000 francs, comprenant : fil de trolley, fil de suspension, matériel de suspension du fil, et connexion des rails...	4.000 »	326.844 »
Feeders aller et retour......................		250.000 »
3 voitures de pose...........................	1.200 »	3.600 »
3 boîtes d'outillage spécial..................		5.000 »
Redevance au kilomètre pour droits de brevet sur 65 kilomètres).......................		65.000 »
500 rosaces à................................	20 »	10.000 »
Pose de la ligne		25.000 »
Total de la ligne aérienne		1.026.694 »

Divers.

	PRIX DE L'UNITÉ	PRIX TOTAL
Matériel de rechange........................		48.000 »
Outillage de l'atelier de réparations...........		48.000 »
Frais d'ingénieurs et divers...................		160.000 »
Total des divers....................		256.000 »

Douane.

	PRIX DE L'UNITÉ	PRIX TOTAL
Voie. — 8.171 tonnes de rails et boulons à.....	18 »	147.078 »
Partie mécanique. — Sur la valeur du matériel soit 15 °/₀ sur 458.200 francs.............	15 °/₀	68.730 »
Partie électrique. — Pour câbles et raccordements 560 kilogrammes de cuivre à..............	1 25	700 »
15 °/₀ *ad valorem* sur 176.000 francs..........	15 °/₀	26.400 »
Matériel roulant. — 15 °/₀ pour moteurs et équipements sur 564.480 francs.................	15 °/₀	84.672 »
25 °/₀ pour voitures sur 414.000 francs.........	25 °/₀	103.500 »
Ligne aérienne. — 690 tonnes poteaux, rosaces et consoles.	25 »	17.250 »
200 tonnes de fil de cuivre, feeders, fil de ligne, griffes, etc.................................	1.250 »	250.000 »
22 tonnes isolement des feeders..............	1.250 »	27.500 »
9 tonnes suspension en fer....................	25 »	225 »
Outillage 15 °/₀ *ad valorem*....................	15 °/₀	750 »
3 voitures de pose 25 °/₀ *ad valorem*............	25 °/₀	900 »
Total de la douane....................		727.705 »

Fret.

	PRIX DE L'UNITÉ	PRIX TOTAL
Voie. — 8.171 tonnes à.....................	30 »	245.130 »
Partie mécanique. — 800 tonnes à..........	30 »	24.000 »
Partie électrique. — 72 tonnes à.............	30 »	2.160 »
Matériel roulant. — 210 tonnes moteurs et équipements à...............................	30 »	6.300 »
450 tonnes voitures à.......................	100 »	45.000 »
Ligne aérienne. — 690 tonnes poteaux, rosaces, consoles, à...............................	30 »	20.700 »
122 tonnes feeders, tambours, etc. à............	30 »	3.660 »
100 tonnes fils de ligne, connexions, griffes......	30 »	3.000 »
9 tonnes appareils de suspension.............	30 »	270 »
Total du fret........................		350.220 »

Nous avons admis un fret moyen de 30 francs, persuadé qu'il serait obtenu pour un chiffre aussi considérable.

Débarquement à Rio-de-Janeiro et transport à pied d'œuvre.

	PRIX DE L'UNITÉ	PRIX TOTAL
Voie. — 8.171 tonnes à.....................	5 »	40.855 »
Partie mécanique. — 800 tonnes à...........	5 »	4.000 »
Partie électrique. — 72 tonnes à............	5 »	360 »
Matériel roulant. — 660 tonnes à............	5 »	3.300 »
Ligne aérienne. — 921 tonnes à.............	5 »	4.605 »
Total du débarquement et mise à pied d'œuvre.		53.120 »

RÉCAPITULATION

Voies..	2.553.165 70	
Terrain et bâtiments......................	519.000 »	
Partie mécanique....	592.600 »	
Partie électrique.........................	198.400 »	6.182.839 70
Matériel roulant.......	1.036.980 »	
Ligne aérienne...........................	1.026.694 »	
Divers...............	256.000 »	
Douane................	727.705 »	
Fret.......................................	350.220 »	1.131.045 »
Débarquement à Rio et mise à pied d'œuvre.	53.120 »	
Total.........................Fr.	7.313.884 70	
A ces chiffres il convient d'ajouter pour imprévus 10 °/₀ sur le devis réel, soit sur 6.182.839 fr. 70.	618.283 97	1.236.567 94
Et 10 °/₀ pour frais généraux et divers..........	618.283 97	
Soit au total.........Fr.		8.550.452 64

Soit en chiffre rond 8.500.000 francs.

A cette somme il convient d'ajouter............... 500.000
environ pour l'exécution des travaux imposés par la municipalité dans
les articles 3, 6, paragraphe unique, et 7 du projet de prorogation; c'est-
à-dire pour la traversée du chemin de fer, l'abaissement du niveau de
la rue Diaz-de-Cruz et la construction de l'école de première classe
que le conseil municipal impose à la Compagnie.

RÉSULTATS DE L'EXPLOITATION ÉLECTRIQUE

RECETTES. — Ainsi que nous l'avons expliqué, la Compagnie
actuelle des tramways de Villa-Isabel réalise actuellement sur son
réseau de 25 kilomètres une recette d'environ.........Fr.   40.000
par kilomètre, tandis que, par contre, les embranchements à petite
section de Guarany et Cachamby ne donnent qu'une recette d'environ ....Fr.   10.000
par kilomètre, parce qu'ils ne sont pas reliés au réseau général.

Le projet de transformation de Villa-Isabel comporte tout d'abord
l'unification des voies actuelles existantes, ce qui permettra aux
voyageurs d'Inhuma, Cachamby et Guarany de communiquer directement avec la cité. Ce réseau secondaire de 20 kilomètres prendra
donc de ce fait une importance considérable, et donnera, nous le
pensons, des résultats à peu près égaux à ceux des autres lignes de
la Compagnie. Mais cette unification n'est qu'un des éléments du
projet général de transformation. On a pu voir, en effet, que le Conseil
municipal, dans le projet dont nous avons donné la traduction plus
haut, accordait à la Compagnie de nouvelles concessions prolongeant
ses lignes latéralement au chemin de fer, sur une longueur d'une
quinzaine de kilomètres jusqu'à Cascadura. Les habitants de la
banlieue auront donc, une fois le projet réalisé, intérêt à se servir des
tramways qui les mèneront directement au centre de la ville, tandis
que le chemin de fer ne les dépose qu'à la place de la République d'où
ils doivent encore prendre le tramway pour arriver au cœur de la cité.

Le chemin de fer central, auquel dans ces conditions la ligne de
Villa-Isabel ferait concurrence, transporte annuellement dans la banlieue que la Compagnie desservira, plus de 12.000.000 de voyageurs.
Il n'est pas téméraire d'affirmer que la moitié au moins de ces voyageurs préféreront se servir du tramway passant constamment devant

leurs yeux et les déposant à l'endroit précis où ils ont affaire, que du chemin de fer à horaire fixe, à départs moins fréquents et à garages très espacés.

Or, ces 6.000.000 de voyageurs seront des voyageurs à 300 reis qui, à eux seuls, assureront une recette de Rs 1.800:000$000 ou fr. 1.512.000.

En tenant compte de tous ces nouveaux éléments de trafic, nous pensons que le service pourra être assuré par 90 voitures automobiles que nous choisirons du type « Jardinière » de 42 places, dont 75 feront le service courant, et 15 assureront les services extraordinaires et formeront la réserve.

Ces 75 voitures feront, en 20 heures de service, au minimum 220 kilomètres par jour. Nous admettons une vitesse moyenne de 11 kilomètres, parce que, très certainement, dans les faubourgs les voitures pourront marcher à 15 ou 16 kilomètres à l'heure. Ce service nous donnera donc un total de 16.500 kilomètres-voitures par jour et par an de 6.022.500, soit en nombre rond 6.000.000 de kilomètres-voitures.

Le réseau de Villa-Isabel transformé se composant d'une quantité de lignes venant aboutir à une artère principale dont le service est extrêmement chargé, son exploitation nécessitera certainement, à certaines heures de la journée et les jours de fête et dimanches, l'emploi de voitures remorquées et même de trains, les jours de courses. Il conviendra donc d'adopter des moteurs de 25 chevaux sur toutes les voitures automobiles afin de pouvoir assurer ces services extraordinaires, qu'il est impossible de faire aujourd'hui par la traction animale.

Il faut donc compter utiliser au minimum une centaine de voitures remorquées et encore ce chiffre sera peut-être insuffisant.

Voyageurs. — Nous évaluons la recette que nous donnerait un service organisé dans de semblables conditions, à 0 fr. 65 par kilomètre-voiture au minimum, au lieu du chiffre de 0 fr. 52 actuellement réalisé sur la ligne de Villa-Isabel, et nous ne tenons compte dans ce calcul que de l'augmentation de recette due au supplément de places que nous offrons au public, sans évaluer l'augmentation de recette due à la vitesse, ni celle que produiront les voitures remorquées.

Marchandises. — Les tramways à Rio assurent non seulement le transport des voyageurs mais effectuent également le mouvement des marchandises. Depuis quelques années, à cause de son matériel insuffisant, la Compagnie de Villa-Isabel a vu décroître ses recettes marchandises et, comme les données nous manquent sur cette branche d'exploitation, nous nous abstenons de toute évaluation précise. Nous nous bornons seulement à faire remarquer que, par suite de l'extension des lignes le long du chemin de fer, il n'est pas douteux que la Compagnie aura à prendre des mesures pour assurer le transport des bagages et des petits colis qui viendront augmenter ses recettes d'une façon considérable.

Recettes extraordinaires. — De même que pour les marchandises, nous manquons de données sur ces recettes qui cependant ont produit l'année dernière une somme de 12.000 francs environ. Ces recettes proviennent de location de tramways pour fêtes, parties de campagne ou de théâtre.

DÉPENSES D'EXPLOITATION. — Nous avons le choix à Rio pour la production de la force motrice entre le charbon importé directement d'Angleterre et qui revient à environ 40 francs la tonne, et le coke produit en excès par la Compagnie du gaz de Rio, et qu'on pourrait acheter à 25 francs au maximum et peut-être, en faisant des marchés, à meilleures conditions. Sur ces bases nous pouvons établir comme suit le prix de revient du kilomètre-voiture par traction électrique.

Décomposition des Dépenses :

Charbon ou coke	0,045
Personnel de l'usine	0,015
Cochers électriciens	0,045
Receveurs	0,035
Eclairage et graissage	0,01
Entretien de la voie	0,01
Entretien de la ligne	0,01
Entretien du matériel roulant	0,02
Contrôle	0,01
Frais généraux	0,05
Total ....Fr.	0,25

Les dépenses s'élèveront donc, pour 6,000,000 de kilomètres-voitures, à ....Fr.	1.500.000 »
D'autre part, les recettes prévues s'élevant à	3.900.000 »
Il restera un bénéfice net d'exploitation de	2.400.000 »

Ces chiffres correspondent au change actuel de 8[d] et seraient modifiés dans un sens favorable par une hausse du change, ainsi que l'indique le tableau ci-dessous :

Évaluation des produits nets de l'exploitation électrique.

	AUX CHANGES DE				
	8[d]	9[d]	10[d]	11[d]	12[d]
Recettes.					
Voyageurs et Marchandises..........	3.900.000	4.387.500	4.875.500	5.362.500	5.850.000
Dépenses.					
Frais d'exploitation.................	1.500.000	1.653.750	1.807.500	1.961.250	2.150.000
Produit net de l'exploitation.....	2.400.000	2.733.750	3.067.500	3.401.250	3.700.000
Recettes par kilomètre-voiture......	0 65	0 73125	0 81250	0 89375	0 97500
— par kilomètre et par an.....	59.676	67.133	74.591	82.048	89.506
Dépenses par kilomètre-voiture	0 25	0 275	0 30125	0 326875	0 3525
— par kilomètre et par an....	22.952	25.304	27.721	30.000	32.898

CONCLUSIONS

Il nous paraît inutile d'insister sur les améliorations qui pourraient être apportées dans l'exploitation actuelle des tramways de Villa-Isabel, puisque la condition *sine qua non* que la municipalité de Rio met à la prorogation de la concession, est la transformation complète du mode de traction.

Nous devons donc nous borner à envisager la situation qui sera faite à la Compagnie par l'emploi de la traction électrique.

Des calculs ci-dessus il résulte que, lorsque le réseau sera complété de manière à dériver à son profit une partie du trafic du chemin de fer central, et grâce à la plus grande rapidité des communications, les recettes ne seront pas inférieures à 0 fr. 65 par kilomètre-voiture et donneront, au change de 8^d, une recette de 3.900.000 francs.

D'autre part, nous avons établi que les frais d'exploitation par la traction électrique à Rio ne devront pas dépasser 0 fr. 25 par kilomètre-voiture (au change de 8^d). Le bénéfice net d'exploitation s'élèvera donc à 2.400.000 francs et la transformation aura coûté 8.500.000 francs, à laquelle il faut ajouter la somme de 500.000 francs pour travaux imposés par la Municipalité.

Dans ces conditions, nous considérons l'affaire comme d'autant plus intéressante, qu'elle a pour elle deux éléments importants de prospérité : la hausse probable du change et l'accroissement constant des recettes qui caractérise toutes les entreprises de tramways de la ville de Rio.

Paris, le 30 Avril 1897.

D. MONNIER,

Professeur d'Électricité industrielle à l'École Centrale
des Arts et Manufactures,

ANNEXES

STATUTS

DE LA

COMPAGNIE DU CHEMIN DE FER DE VILLA-ISABEL

Approuvés par les Assemblées Générales Extraordinaires
du 1er août 1885 et du 8 octobre 1888.

STATUTS

CHAPITRE PREMIER

De la Compagnie et de son Objet.

Article premier. — La Compagnie du chemin de fer de Villa-Isabel, créée
en vertu de la concession faite à Jean-Baptiste Vianna Drumond et autres, par
décret n° 4895 du 22 février 1872, dont le privilège a passé au pouvoir de la
Compagnie par suite de l'achat qu'elle en fit aux concessionnaires, et autorisée à
fonctionner par le décret n° 5019 du 18 juillet de la même année, se reconstitue sous
la même dénomination et avec le même objet, en conformité de la loi n° 3150 du
4 novembre 1882 et du décret n° 8821 du 30 décembre de la même année, et va
être régie par les présents statuts.

Art. 2. — La Compagnie a son siège en la ville de Rio-de-Janeiro, juridiction
à laquelle seront également soumis les administrateurs, commissaires et actionnaires
dans leurs relations avec la Compagnie ; sa durée est celle du privilège susmentionné
ou de la prolongation qu'elle obtiendrait. Elle a pour objet le transport de voyageurs
et de colis sur les lignes ferrées qu'elle a construites et qu'elle conserve, ainsi que
sur les prolongements et les concessions qu'elle pourra obtenir.

CHAPITRE II

Capital. — Actions. — Transferts.

Art. 3. — Le capital de la Compagnie est élevé à 3.000:000$000, divisé en
15.000 actions entièrement libérées, de la valeur de 200$000 chacune. De ces
actions, 12.500 ont été déjà émises et 2.500 vont être réparties maintenant (1).

Art. 4. — Les actions continueront à être nominatives. Le transfert en sera
effectué au moyen de déclaration inscrite dans le registre *ad hoc* de la Compagnie

---

(1) Loi n° 3150 du 4 novembre 1882 :
Art. 31. — Il est défendu aux Sociétés anonymes d'acheter et de vendre leurs propres actions.
Dans cette défense n'est pas compris l'amortissement des actions, à la condition cependant qu'il soit
effectué au moyen de fonds disponibles.

et signée par le cédant et le cessionnaire, ou leurs fondés de pouvoir respectifs, et par l'administrateur-secrétaire (1).

Les transferts motivés par une décision judiciaire ne pourront avoir lieu que sur le vu de l'ordonnance du juge compétent.

CHAPITRE III

Administration.

Art. 5. — La Compagnie continuera à être administrée par un Conseil composé de trois membres, nommés par l'Assemblée générale, de deux en deux ans, par voie de scrutin et à la majorité absolue des voix. Le Conseil choisira dans son propre sein le président, le secrétaire et le trésorier. L'un d'eux pourra cumuler les fonctions d'administrateur et de gérant, dans lequel cas il touchera trois pour cent (3 °/₀) calculé sur les dividendes distribués aux actionnaires, en plus du traitement stipulé à l'article 8 et paragraphe y relatif (2).

§ 1. S'il n'y a pas majorité absolue au premier scrutin, l'Assemblée procédera à un second scrutin entre les actionnaires qui auront réuni le plus de voix, et dont le nombre devra être deux fois celui des places auxquelles il y a lieu de pourvoir. Dans ce cas le vote aura lieu à la majorité relative. En cas de partage des voix le sort décidera.

---

(1) Loi nº 3150 du 4 novembre 1882 :

Art. 7 .
§ 3. Il y aura, au siège des Compagnies, un registre portant la mention d'ouverture et de clôture, numéroté, paraphé et timbré aux termes de l'article 13 du code de commerce, afin qu'il y soit inscrit :
1º Le nom de chaque actionnaire avec l'indication du nombre de ses actions ;
2º La déclaration des versements effectués ;
3º Les transferts des actions avec la date y relative, signés par le cédant et le cessionnaire, ou leurs fondés de pouvoir respectifs.
§ 4. Le gage des actions nominatives est constitué par la mention dans la déclaration de transfert ;
La constitution du gage ne suspend pas l'exercice des droits de l'actionnaire.

(2) Loi nº 3150 du 4 novembre 1882 :

Art. 10.
§ 2. Les administrateurs ne contractent pas d'obligation personnelle, individuelle ou solidaire, dans les contrats ou opérations qu'ils font dans l'exercice de leur mandat.
§ 3. Les administrateurs sont tenus, avant d'entrer en exercice, de garantir la responsabilité de leur gestion au moyen d'actions dont le nombre aura été déterminé par les statuts.
Le cautionnement sera effectué par déclaration dans le registre.
Art. 11. — Les administrateurs sont responsables :
(a) Vis-à-vis de la Société pour toute négligence, transgression ou dol dont ils se rendraient coupables dans l'exercice de leur mandat ;
(b) Vis-à-vis de la Société et des tiers lésés par l'excès du mandat ;
(c) Vis-à-vis de la Société et des tiers, lésés solidairement, par les infractions à la présente loi et aux statuts.
Paragraphe unique. — L'actionnaire a toujours le droit d'actionner les administrateurs pour en obtenir tels dommages et intérêts qui s'ensuivraient de la violation de la présente loi et des statuts.
Cette action pourra être intentée conjointement par deux ou plusieurs actionnaires.

Art. 12. — L'administrateur, qui aura un intérêt opposé à celui de la Compagnie, dans une opération sociale quelconque, ne pourra pas prendre part à la délibération y relative, et sera tenu d'en donner avis aux autres administrateurs, ce qui sera consigné dans le procès-verbal des séances.
Dans le cas dont il s'agit, la délibération sera prise par les autres administrateurs et par les commissaires, à la majorité des voix.

Art. 13. — Les administrateurs qui, en l'absence d'inventaire ou nonobstant l'inventaire ou au moyen d'inventaire frauduleux, répartiront des dividendes non dus, sont personnellement obligés de restituer à la caisse sociale la somme représentant lesdits dividendes, sans préjudice des peines criminelles qu'ils auront encourues de ce chef.
En cas d'insolvabilité de la Société, les actionnaires qui auront reçu des dividendes non dus, seront subsidiairement tenus de les restituer ; il leur sera cependant permis d'alléguer le bénéfice d'ordre.
Cette obligation se prescrira au bout de cinq ans, à compter du jour de la distribution des dividendes en question.
Paragraphe unique. — Ne pourront faire partie des dividendes des Sociétés anonymes que les bénéfices nets résultant d'opérations effectivement terminées dans le semestre.

§ 2. Si les fonctions de gérant ne sont pas exercées par un administrateur, la rémunération de 3 °/₀ dont il s'agit au commencement du présent article restera sans effet, et le Conseil décidera, dans ce cas, en conformité de l'article 13, § 1, des présents statuts.

Art. 6. — Chaque administrateur sera tenu, avant d'entrer en exercice, de garantir la responsabilité de sa gestion au moyen de cent actions de la Compagnie, lesquelles resteront gagées pendant la durée de son mandat et aussi longtemps que l'Assemblée générale n'aura pas approuvé les comptes de sa gestion.

§ 1. L'administrateur nommé qui ne possédera pas le nombre d'actions stipulé au présent article pourra exercer les fonctions auxquelles il a été appelé si un actionnaire fournit pour lui le cautionnement exigé.

§ 2. L'administrateur qui, trente jours après sa nomination, n'aura pas pris possession de sa charge se trouvera déchu de ses droits. On convoquera alors une nouvelle Assemblée générale pour qu'elle ait à nommer un autre administrateur à sa place.

Art. 7. — En cas d'empêchement ou d'absence d'un administrateur quelconque, pendant plus de trente jours, les autres administrateurs appelleront un membre du Conseil fiscal à le remplacer provisoirement, lequel touchera, pendant qu'il en occupera la charge, le traitement de l'administrateur qu'il remplace.

Cependant, si l'absence se prolonge au delà de six mois, sans autorisation préalable de l'Assemblée générale, l'administrateur en défaut sera considéré comme étant démissionnaire. En conséquence, on procédera à la nomination définitive de son remplaçant, lors de la première Assemblée générale, et ce pour le temps qui reste à courir pour arriver au terme du mandat du Conseil.

§ 1. La nomination définitive entraîne pour l'administrateur ainsi nommé l'obligation de fournir le cautionnement conformément à l'article 6.

§ 2. S'il se produit plus d'une vacance dans le Conseil d'administration, le Conseil fiscal convoquera une Assemblée générale extraordinaire pour qu'elle ait à pourvoir aux vacances qui se seront produites dans le Conseil d'administration.

Art. 8. — Le traitement annuel du Conseil d'administration sera de 3:000$000 pour chaque administrateur.

§ unique. Exceptionnellement, l'administrateur-président actuel touchera en plus 3:000$000 par an, soit en tout 6:000$000, aussi longtemps qu'il exercera la même charge ou que l'Assemblée générale n'aura pas décidé le contraire.

Art. 9. — N'est pas éligible :
§ 1. L'actionnaire qui est employé de la Compagnie ;
§ 2. Le fournisseur pendant la durée de ses contrats ;
§ 3. L'entrepreneur de travaux de la Compagnie ;
§ 4. Les personnes incapables de faire du négoce, aux termes des dispositions du Code de commerce.

Art. 10. — Ne peuvent pas être conjointement administrateurs et commissaires, ou l'un administrateur et l'autre commissaire :
§ 1. Le père et le fils ;
§ 2. Le beau-père et le gendre ;
§ 3. Les frères et les beaux-frères ;
§ 4. Les associés de la même raison sociale.

Art. 11. — Le Conseil d'administration se réunira ordinairement une fois par semaine et extraordinairement lorsqu'il sera convoqué par le président ou invité par le conseil fiscal. Dans le cas où les administrateurs n'arriveraient pas à un accord dans toute délibération qu'ils auraient à prendre, ils consulteront à ce sujet le Conseil fiscal, lequel aura alors voix. Dans ce cas, la délibération sera prise à la majorité, et en cas de partage des voix le président aura voix prépondérante.

Le procès-verbal qui sera dressé de la délibération en question devra être signé par les membres du Conseil fiscal qui y auront pris part, aux termes de l'article 18, § 5.

Art. 12. — Le Conseil d'administration a tous pouvoirs de représenter la Compagnie en justice et hors, pouvant également les déléguer à quiconque il jugera à propos (1).

Art. 13. — Il incombe au Conseil d'administration de :

§ 1. Nommer et destituer le gérant, lorsque ces fonctions ne seront pas exercées par un administrateur ; en fixer le traitement, les devoirs et les attributions ;

§ 2. Nommer et destituer à son gré tous employés de la Compagnie ;

§ 3. Déterminer le nombre et les appointements de tout le personnel ; fixer le cautionnement des employés qui seraient tenus de le fournir ;

§ 4. Etablir et mettre à exécution les règlements qu'il jugera nécessaire ; vérifier tous les mois l'état de la comptabilité ;

§ 5. Choisir un ou plusieurs établissements de banque pour y déposer les fonds de la Compagnie ;

§ 6. Fixer, à la fin de chaque semestre, d'accord avec le Conseil fiscal, le dividende qui doit être distribué aux actionnaires, d'après le résultat que présentera le compte Profits et Pertes ;

§ 7. Passer ou autoriser tous contrats pour fournitures et autres objets intéressant la Compagnie ;

§ 8. Entendre l'avis du Conseil fiscal toutes les fois qu'il s'agira d'une affaire importante ou lorsque celui-ci demandera une conférence ;

§ 9. Vendre ou autoriser la vente de tous objets appartenant à la Compagnie, à l'exception de biens immeubles, lesquels ne pourront être aliénés que d'un commun accord avec le Conseil fiscal. Dans la décision qui sera prise à ce sujet, le président n'aura que sa voix personnelle. Cependant, la vente de biens immeubles d'une valeur dépassant 20:000$000 devra être autorisée par l'Assemblée générale pour qu'elle soit valable ;

§ 10. Présenter aux Assemblées générales ordinaires le rapport annuel des affaires de l'entreprise, l'accompagnant des bilans, de la justification du compte Profits et Pertes, de tableaux statistiques, de l'état nominatif des actionnaires, et de tous autres renseignements et documents intéressant les actionnaires.

Au rapport susdit sera joint l'avis du Conseil fiscal.

---

(1) Loi n° 3150 du 4 novembre 1882 :

Art. 27. — Encourent les peines édictées par le § 4 de l'article 264 du Code pénal :

1° Les administrateurs qui enfreindront les prescriptions de l'article 31 ;

2° Les administrateurs ou gérants qui distribueront des dividendes non dus (art. 13) ;

3° Les administrateurs qui, par une manœuvre quelconque, auront concouru à établir de fausses cotes des actions ;

4° Les administrateurs qui auront accepté en garantie de créances sociales le nantissement d'actions de la Société même.

Art. 14. — Il appartient au président, en plus des attributions inhérentes aux fonctions d'administrateur, de :

§ 1. Présider les réunions du Conseil d'administration, et celles de l'Assemblée générale jusqu'à ce que le bureau soit constitué ; être l'organe de la Compagnie toutes les fois que cela sera nécessaire et signer toutes procurations et autres pièces qui ne rentreront pas dans les attributions exclusives du Conseil;

§ 2. Convoquer extraordinairement le Conseil d'administration et les commissaires (Conseil fiscal) lorsque cela sera nécessaire ; convoquer les Assemblées générales ordinaires à l'époque prescrite, et les extraordinaires lorsque le Conseil le décidera ou qu'il en sera dûment requis ;

§ 3. Représenter la Compagnie dans toutes ses relations officielles et dans tous procès judiciaires ;

§ 4. Parapher et clore les livres où seront consignés les procès-verbaux des Assemblées générales et des réunions du Conseil, ainsi que les livres qui ne doivent pas être paraphés par la Junte commerciale ;

§ 5. Signer avec le trésorier toutes lettres de change, chèques ou reçus pour opérer le retrait de sommes d'argent d'établissements de banque.

Art. 15. — Il appartient au secrétaire, en plus des attributions inhérentes aux fonctions d'administrateur, de :

§ 1. Remplacer le président et le trésorier lorsque ceux-ci seront momentanément empêchés ;

§ 2. Rédiger les procès-verbaux des séances du Conseil ;

§ 3. Signer les déclarations de transferts d'actions;

§ 4. Veiller à ce que la comptabilité et les archives de la Compagnie soient régulièrement tenues et en la forme voulue, auquel effet il pourra donner telles instructions et prescrire tels détails qu'il jugera à propos.

Art. 16. — Il appartient au trésorier, en plus des attributions inhérentes aux fonctions d'administrateur, de :

§ 1. Remplacer le secrétaire en cas d'empêchement passager de celui-ci;

§ 2. Recevoir tous deniers appartenant à la Compagnie, soit par lui-même, soit par un employé de sa confiance; payer tout ce qui sera dû, conformément aux résolutions du Conseil d'administration ;

§ 3. Déposer journellement dans un des établissements de banque choisis par le Conseil, la recette de la Compagnie ;

§ 4. Signer avec le président toutes lettres de change, chèques ou reçus de sommes qu'il y aurait lieu de retirer d'établissements de banque;

§ 5. Contrôler les achats et tout ce qui se rapportera au mouvement des deniers de la Compagnie.

CHAPITRE IV

Conseil fiscal (Commissaires).

Art. 17. — Le Conseil fiscal se composera de trois membres effectifs et de trois suppléants, nommés par l'Assemblée générale de la manière qui a été établie pour la nomination du Conseil d'administration, lesquels devront posséder, chacun, trente actions de la Compagnie, au moins.

Les fonctions du Conseil fiscal sont gratuites et elles dureront une année. Ses membres pourront être réélus.

S'il survenait une vacance dans le courant de l'année, les autres membres inviteront le membre suppléant qui aura réuni le plus de voix, à remplir la charge devenue vacante.

Art 18. — Il appartient au Conseil fiscal de :

§ 1º Examiner l'inventaire, les comptes et les bilans annuels, et rédiger son avis à temps pour qu'il soit imprimé avec le rapport du Conseil d'administration (1) ;

§ 2. Proposer à l'administration telles mesures qu'il jugera avantageuses à la Compagnie ;

§ 3. Convoquer des réunions extraordinaires d'Assemblée générale lorsque les intérêts sociaux l'exigeront et que le Conseil d'administration refusera de le faire.

§ 4. Signer les procès-verbaux des réunions du Conseil d'administration auxquelles il aura pris part ;

§ 5. Tenir un livre spécial, paraphé par le président de la Compagnie, et y consigner les procès-verbaux de ses délibérations, lesquels devront être signés par les membres présents.

CHAPITRE V

Assemblée générale.

Art. 19. — L'Assemblée générale est la réunion des actionnaires inscrits dans le registre *ad hoc* de la Compagnie trente jours, au moins, à l'avance.

Les possesseurs de moins de dix actions peuvent y assister, discuter et proposer ce qu'ils jugeront opportun, mais n'ont pas droit de vote.

Art. 20. — L'Assemblée générale aura lieu ordinairement au mois de septembre de chaque année et extraordinairement lorsqu'elle sera convoquée. Elle sera valablement constituée lorsque les actionnaires qui y figurent représentent le quart du capital social.

Cependant, toutes les fois qu'il s'agira de l'augmentation ou de la réduction du capital, de modification des statuts, de la liquidation de la Compagnie, de la destitution du Conseil d'administration ou du Conseil fiscal, ou de l'un quelconque des membres desdits Conseils, et d'une demande en responsabilité contre eux, il faudra que les deux tiers au moins du capital social y soient représentés (2).

---

(1) Loi nº 3150 du 4 novembre 1882 :

Art. 14. — . . . .

§ 3. Les commissaires pendant le trimestre qui précède la réunion ordinaire de l'Assemblée générale ont le droit d'examiner les livres, de vérifier l'état de la caisse et du portefeuille, d'exiger tous renseignements des administrateurs au sujet des opérations sociales, et de convoquer extraordinairement l'Assemblée générale.

§ 4. Les effets de la responsabilité des commissaires vis-à-vis de la Société sont déterminés par les règles du mandat.

Art. 27. — Paragraphe unique. Les commissaires qui laisseront de dénoncer dans leurs rapports annuels (art. 14), la distribution de dividendes fictifs et toutes autres fraudes quelconques pratiquées dans le courant de l'année et résultant des livres et documents soumis à leur examen, seront considérés complices des auteurs de ces délits et punis comme tels.

(2) Loi nº 3150 du 4 novembre 1882 :

Art. 15. — . . . .

§ 2. L'Assemblée générale se composera d'un nombre d'actionnaires représentant le quart, au moins, du capital social.

§ 3. Si cette condition n'est pas remplie, il est fait une nouvelle convocation, au moyen d'annonces dans les journaux, en y déclarant que l'Assemblée délibérera valablement quelle que soit la somme du capital représenté par les actionnaires présents.

§ 4. Cependant, l'Assemblée générale qui aura à délibérer au sujet des cas prévus aux articles 3 et 6, doit se composer, pour que ses délibérations soient valables, d'au moins les deux tiers du capital social.

Dans le cas où, ni dans la première réunion ni dans la deuxième, il ne se trouverait le nombre d'actionnaires exigé par le présent paragraphe, il sera fait une troisième convocation en y déclarant que l'Assemblée pourra délibérer quelle que soit la somme du capital représenté par les actionnaires présents. En plus des annonces, la convocation sera faite, dans ce cas, au moyen de lettres.

Les délibérations de l'Assemblée générale, aussi bien dans le cas du présent paragraphe que dans celui du § 2, seront prises à la majorité des membres présents.

ART. 21. — Les convocations seront faites au moyen de la presse par des avis insérés quinze jours à l'avance pour les réunions ordinaires et huit jours à l'avance pour les réunions extraordinaires (1).

§ 1. S'il ne se présente pas le nombre d'actionnaires voulu, on convoquera une nouvelle réunion pour huit jours après. Dans cette seconde réunion on délibérera valablement quel que soit le capital représenté.

§ 2. Dans les cas, cependant, de l'article 20, deuxième alinéa, il sera fait une troisième convocation non seulement au moyen d'annonces mais aussi par des lettres adressées aux actionnaires, en y déclarant que l'Assemblée délibérera quelle que soit la somme du capital représenté.

ART. 22. — Dans les réunions ordinaires seront présentés, discutés et votés les comptes, le rapport du Conseil d'administration et l'avis des commissaires ; on y traitera toutes affaires pouvant intéresser la Compagnie (2).

Dans les Assemblées extraordinaires il ne sera traité d'autres questions que celles portées sur l'avis de convocation.

ART. 23. — Une fois la séance ouverte par le président du Conseil d'administration, l'Assemblée élira, par acclamation, président un des actionnaires présents, à qui il appartiendra de nommer les autres membres du bureau. Les séances pourront durer jusqu'à trois jours, les travaux en discussion étant renvoyés d'un jour à l'autre et à l'heure que l'on fixera. Aucun membre de l'Administration ne pourra faire partie du bureau de l'Assemblée générale.

§ unique. Dans les séances en continuation, les membres du bureau seront les mêmes que ceux de la séance dont elles sont la suite, sauf absence ou refus de l'un des membres, lequel sera alors remplacé. Cependant l'inscription des actionnaires présents à la première Assemblée restera en vigueur pour la discussion des questions à traiter dans les séances suivantes.

ART. 24. — Toutes les résolutions seront prises à la majorité absolue des voix présentes.

---

(1) Loi n° 3150 du 4 novembre 1882 :

ART. 15. —

§ 9. L'Assemblée générale sera convoquée toutes les fois que le demanderont sept ou plusieurs actionnaires, pourvu qu'ils représentent un cinquième au moins du capital versé.

La convocation sera motivée et pourra être faite par les actionnaires en question eux-mêmes, si les administrateurs et les commissaires refusent de le faire.

Dans les cas où la loi ou les statuts exigent expressément la réunion de l'Assemblée générale, il est permis à tout actionnaire, si la convocation est retardée pendant plus de deux mois, de requérir le juge de commerce de la localité pour qu'il ait à l'autoriser.

Dans les annonces pour cette convocation, il sera dit quel est le juge qui l'a autorisée et on indiquera la date de l'ordonnance y relative.

§ 10. Ne peuvent pas voter dans les Assemblées générales : les administrateurs, pour approuver leurs bilans, comptes et inventaires ; les commissaires, leur avis ; et les actionnaires, l'évaluation de leurs parts bénéficiaires ou de tous autres avantages stipulés dans les statuts ou dans le contrat de société.

(2) Loi n° 3150 du 4 novembre 1882 :

ART. 16. — Un mois avant la réunion ordinaire de l'Assemblée générale il sera déposé au secrétariat des Juntes commerciales et, là où il n'y en aurait pas, au greffe du tribunal de commerce, pour être tenus à la disposition des actionnaires qui voudraient les examiner :

1° Copie de l'inventaire contenant l'indication des valeurs mobilières et immobilières et de toutes les dettes actives et passives de la Société ;

2° Copie de l'état nominatif des actionnaires avec le nombre des actions respectives et l'état des versements effectués.

§ 1. Dans ce même délai seront publiés au moyen de la presse les transferts des actions effectués dans l'année, le bilan établissant sommairement la situation de la Société et l'avis des commissaires.

§ 2. Quinze jours après la réunion de l'Assemblée générale le procès-verbal y relatif sera également publié au moyen de la presse.

§ 3. Il sera donné à toute personne, sans qu'elle ait à justifier de l'intérêt qu'elle y a, copie certifiée des actes enregistrés conformément à l'article 3, § 5, ainsi que de l'état nominatif des actionnaires (n° 2 du présent article).

Chaque groupe de dix actions donne droit à une voix, mais aucun actionnaire ou ondé de pouvoir ne disposera de plus de trente voix, quel que soit le nombre d'actions par lui possédées ou représentées.

Art. 25. — Les actionnaires peuvent se faire représenter pour tous les effets par un fondé de pouvoir, actionnaire ou non, muni de pouvoirs spéciaux.

Chaque fondé de pouvoir peut représenter plus d'un actionnaire, sauf toujours les dispositions dont il est parlé à l'article 24.

Les femmes mariées seront représentées par leurs maris ; les mineurs et les interdits, par leurs pères, tuteurs ou curateurs ; les propriétaires indivis par leurs inventoriants respectifs ; les raisons sociales par l'un des associés, et les sociétés anonymes ou corporations par l'un de leurs fondés de pouvoir (1).

Art. 26. — Dans les questions soumises à la dicussion, le vote aura lieu *per capita*, si à cela ne s'opposent pas deux ou plusieurs actionnaires ayant droit de vote. En cas de partage des voix l'avis du président de l'Assemblée l'emportera.

Art. 27. — Les résolutions de l'Assemblée générale, régulièrement convoquée et valablement constituée, seront prises dans les limites des présents statuts et de la loi, et elles obligeront tous les actionnaires, sans exception, fussent-ils absents ou dissidents.

Art. 28. — Il appartient à l'Assemblée générale des actionnaires de :

§ 1. Nommer le Conseil d'administration et le Conseil fiscal (commissaires);

§ 2. Délibérer sur toutes affaires de la Compagnie, indiquer toute modification dans la marche de l'administration, et donner tous pouvoirs au Conseil d'administration pour vendre et acquérir tous biens immeubles, dès que leur valeur dépassera 20:000$000, ainsi que tous fonds d'État et provinciaux et autres titres nominatifs ;

§ 3. Ordonner tous examens et enquêtes sur les affaires sociales sans aucune limitation;

§ 4. Destituer le Conseil d'administration, le Conseil fiscal, ou l'un quelconque des administrateurs et commissaires, et leur intenter une demande en responsabilité;

§ 5. Réformer les présents statuts;

§ 6. Délibérer sur l'augmentation ou la réduction du capital de la Compagnie et prendre toutes résolutions au sujet de sa liquidation.

CHAPITRE VI

Bénéfices. — Fonds de réserve. — Dividendes.

Art. 29. — Des bénéfices liquides, constatés semestriellement, on déduira six pour cent pour le fonds de réserve. Le surplus déterminera le dividende, lequel sera payé semestriellement aux actionnaires, après déduction cependant de trois pour cent du montant dudit dividende, en faveur de l'administrateur qui exercera les fonctions de gérant aux termes de l'article 5.

---

(1) Loi n° 3150 du 4 novembre 1882 :
Art. 8. — Toute action est indivisible par rapport à la Société. Lorsque l'un de ces titres appartiendra plusieurs personnes, la Société suspendra l'exercice des droits inhérents à ces titres jusqu'à ce qu'il soit désigné une seule personne comme unique propriétaire.

Art. 30. — Les dividendes qui n'auront pas été réclamés dans le délai de cinq ans à compter du premier jour fixé pour le paiement, resteront prescrits au profit de la Compagnie.

Art. 31. — Le fonds de réserve et le revenu y afférent seront employés conformément à ce que décidera l'Assemblée générale ; mais ils ne pourront en aucun cas être placés en titres au porteur.

L'acquisition des valeurs de placement, ou bien leur vente aux fins établies à l'article 32, sera déterminée par le Conseil d'administration d'un commun accord avec les commissaires, lesquels auront droit de vote. En cas de partage des voix, le président aura voix prépondérante.

Art. 32. — Le fonds de réserve est destiné à combler les pertes que le capital pourrait souffrir. Il ne pourra y avoir de dividendes qu'en tant que le capital aura été reconstitué.

CHAPITRE VI

Dispositions générales.

Art. 33. — Le Conseil d'administration pourra souscrire des actions de l'entreprise qui serait organisée pour fonder un Jardin zoologique à Villa-Isabel, jusqu'à concurrence de cinquante contos de reis.

Les actions acquises pourront être vendues lorsque le Conseil d'administration et les commissaires le jugeront opportun.

Art. 34. — Une fois les présents statuts approuvés par l'Assemblée générale, les statuts antérieurs se trouveront révoqués et l'on procédera immédiatement à la nomination du Conseil d'administration et du Conseil fiscal (commissaires).

Art. 35. — Il est entendu que les dispositions de la loi n° 3150 du 4 novembre 1882 et du décret réglementaire n° 8821 du 30 décembre de la même année, réglant les cas non prévus dans les présents statuts, peuvent et doivent être appliquées par le Conseil d'administration, par le Conseil fiscal et par l'Assemblée générale, conformément à la compétence et aux attributions de chacun de ces corps.

CERTIFICAT DE DÉPÔT DANS LES ARCHIVES
DE LA JUNTE COMMERCIALE

Je certifie en exécution de l'avis du ministère des Finances du 20 avril de la courante année que l'on a déposé dans les archives de ce secrétariat sous le n° 494, en vertu de l'arrêté de la Junte commerciale d'aujourd'hui, les statuts réformés de la Compagnie du chemin de fer de Villa-Isabel et autres pièces légales.

Secrétariat de la Junte commerciale de la capitale de l'Empire, le 27 août 1885.

Le Secrétaire : Cezar de Oliveira.

BUREAU GÉNÉRAL DES HYPOTHÈQUES DE LA CAPITALE

Je certifie que le 29 août de la courante année il a été présenté en ce bureau, par M. Jean-Baptiste Vianna Drummond, un numéro du *Diario Official*, n° 240, dans lequel se trouvent publiés les statuts et le procès-verbal de l'Assemblée générale extraordinaire de la Compagnie du chemin de fer de Villa-Isabel, lequel *Diario* demeure déposé dans ces archives, en vertu du dispositif du dernier alinéa de l'article 3 de la loi n° 3150 du 4 novembre 1882.

Rio-de-Janeiro, le 29 août 1885.

Le Chef de bureau : Francisco Vieira de Faria Rocha.

CERTIFICAT DE DÉPÔT DANS LES ARCHIVES
DE LA JUNTE COMMERCIALE

Je certifie qu'il a été déposé dans les archives de ce secrétariat sous le n° 661, en vertu de l'arrêté de M. le Conseiller de la Junte commerciale, en date d'aujourd'hui, les statuts réformés de la Compagnie du chemin de fer de Villa-Isabel, approuvés dans l'Assemblée générale des actionnaires du 6 du courant mois. Perçu pour timbres mobiles ci-dessous collés 5$000, en conformité de l'avis du Ministère des Finances du 20 avril 1885 et 200 reis pour droits additionnels de 5 °/₀.

Secrétariat de la Junte commerciale de la capitale de l'Empire, le 20 octobre 1888.

Le Secrétaire : Cezar de Oliveira.

BUREAU GÉNÉRAL DES HYPOTHÈQUES DE LA CAPITALE

Je certifie qu'il a été présenté en ce bureau le 23 octobre de la courante année par M. Alfredo P. dos Santos un numéro du *Diario official* n° 293, dans lequel se trouve publié le procès-verbal de l'Assemblée générale extraordinaire de la Compagnie du chemin de fer de Villa-Isabel, réformant quelques articles des statuts et augmentant le capital; lequel *Diario* demeure déposé dans ces archives, en vertu du dispositif du dernier alinéa de l'article 3 de la loi n° 3150 du 4 novembre 1882.

Rio-de-Janeiro, le 23 octobre 1888.

Le Chef de bureau : Francisco Vieira de Faria Rocha.

COMPAGNIE VILLA-ISABEL

DÉCRET N° 4895 DU 22 FÉVRIER 1872

Concédant à Jean-Baptiste Drummond et autres l'autorisation d'établir une ligne de rails urbains entre Rio-de-Janeiro et les quartiers de Andarahy-Grande, Engenho-Novo et S. Francisco-Xavier.

La Princesse Impérale Régente, au nom de Sa Majesté l'Empereur le Seigneur Dom Pedro II, vu la requête qui lui a été présentée par João-Baptista Vianna Drummond et les Dʳˢ Joaquim Rodrigues de Oliveira et Carlos Frederico Taylor, a pour bon de leur concéder l'autorisation d'établir une ligne de rails urbains entre la rue Nova do Imperador, en face du Matadouro, et la Fazenda do Macaco, sous les clauses annexées au présent décret, signées par Theodoro Machado Freire Pereira da Silva, du Conseil dudit Auguste Seigneur, Ministre et Secrétaire d'Etat pour les affaires de l'agriculture, du commerce et des travaux publics, qui est chargé de l'exécution du présent décret.

Palais de Rio-de-Janeiro, le 22 février 1872, 51ᵉ année de l'Indépendance et de l'Empire.

Princesse Impériale Régente.

THEODORO MACHADO FREIRE PEREIRA DA SILVA.

CLAUSES AUXQUELLES
SE RÉFÈRE LE DÉCRET DE CETTE MÊME DATE, N° 4895

I

Le Gouvernement impérial concède à João-Baptista Vianna Drummond et aux Dʳˢ Joaquim Rodrigues de Oliveira et Carlos Frederico Taylor l'autorisation d'établir une ligne de rails urbains d'après le système de ceux de la Compagnie Rio-de-Janeiro Street Railway, laquelle partant de la rue Nova do Imperador, en face du Matadouro, suivra ladite rue, puis celle de S. Franscisco-Xavier jusqu'à la Fazenda do Macaco, à Andarahy-Grande, point terminus, avec deux embranchements se dirigeant l'un à l'Engenho Novo par ladite Fazenda do Macaco et Andarahy-Grande et l'autre par la rue d'Andarahy-Grande jusqu'au Portão Vermelho, reprenant au retour la rue S. Franscisco-Xavier.

II

Dans la construction de la ligne principale et de ses embranchements on observera les conditions techniques suivantes :

PREMIÈREMENT. — Le système des rails en fer sera celui actuellement adopté sur les lignes de la Compagnie Rio-de-Janeiro Street Railway. On pourra cependant employer le système à voie étroite.

DEUXIÈMEMENT. — La distance entre les deux rails sera de 4 pieds 6 pouces au maximum; aux endroits où il y aura bifurcation ou ligne double, l'espace entre les deux lignes ne dépassera pas 3 pieds 6 pouces.

Troisièmement. — La ligne pourra être à voie unique et les rails posés, toutes les fois que cela sera possible, au centre des rues et de manière à ne pas gêner la circulation dans les rues, routes ou chemins dont la largeur dépassera 14 mètres; dans les rues ayant une largeur moindre, les rails seront posés sur l'un des côtés, en laissant les trottoirs libres dans toute leur largeur à la circulation des piétons.

Quatrièmement. — La surface supérieure des rails sera au même niveau que la chaussée ou macadam de manière à ne pas gêner la circulation des véhicules et des animaux, soit longitudinalement, soit transversalement.

Cinquièmement. — Les voitures employées au transport seront aménagées pour 30 voyageurs au maximum et ne pourront dépasser en largeur un pied de chaque côté en dehors des rails. Elles seront construites de manière à pouvoir prendre toute direction quelconque sans qu'il soit nécessaire de les faire tourner sur les rails. La traction sera faite par des animaux.

III

Les travaux de la ligne principale devront commencer dans le délai de six mois et être achevés dans celui de dix-huit mois, les deux délais à compter de la date du contrat que les concessionnaires passeront en vertu de la présente concession. Les travaux des embranchements seront terminés au bout de dix mois à compter de l'expiration du second des deux délais susmentionnés. Tous ces délais ne pourront pas être prorogés.

IV

Si dans les délais de la clause précédente les lignes concédées n'ont pas commencé à fonctionner, ou si le service une fois commencé vient à être interrompu, la présente concession se trouvera frappée de caducité, sauf le cas de force majeure dûment prouvé devant le Gouvernement impérial.

V

La peine de nullité de la concession sera imposée administrativement par le Gouvernement impérial sans qu'il soit besoin d'aucune autre formalité. Une fois faite la signification y relative à l'Entreprise, le Gouvernement reprendra le droit de concéder les lignes en question à qui bon lui semblera, les concessionnaires actuels ne pouvant réclamer aucune indemnité à quelque titre que ce soit.

VI

Les travaux seront exécutés aux frais des concessionnaires ou bien d'une Compagnie qu'ils pourront constituer, soit dans le pays soit à l'étranger.

VII

Avant de commencer les travaux de construction de ces lignes, l'Entreprise soumettra à l'approbation du Gouvernement :

1° Le plan des lignes avec les indications de leur parcours et le plan des stations de départ, d'arrivée et intermédiaires;

2° Le dessin des voitures avec leurs dimensions.

Sans préjudice de l'approbation des plans, le Gouvernement pourra exiger la construction de nouvelles stations, lorsque l'intérêt du public l'exigera et l'Entreprise sera tenue de les construire dans le délai qui lui sera fixé.

VIII

L'Entreprise paiera à la Chambre municipale pour les terrains qu'elle occupera et dont la Chambre municipale est propriétaire, tel bail que la Chambre même déterminera. Elle fera l'acquisition des terrains qui seront nécessaires pour l'ouverture et l'élargissement des rues, routes et chemins, en demandant au Gouvernement l'expropriation des propriétés nécessaires à ces fins, dans le cas où elle ne pourrait pas les obtenir à l'amiable. Il est entendu que l'expropriation sera faite d'après les dispositions du décret législatif n° 353 du 12 juillet 1845 et que les frais y relatifs seront à la charge de l'entreprise.

IX

Aux endroits opportuns désignés dans le plan des lignes, il y aura les bifurcations nécessaires pour la régularité et la commodité du service.

X

L'Entreprise emploiera les cantonniers ou gardes qui seront nécessaires pour la propreté de la voie, et aux carrefours des rues pour avertir les passants de l'approche des trains.

XI

Le tarif des prix des voyageurs sera établi par la Compagnie suivant les distances à parcourir, mais il ne pourra être mis à exécution qu'après avoir été approuvé par le Ministère de l'Agriculture, du Commerce et des Travaux publics.

Pour la plus grande distance à parcourir, l'entreprise ne pourra percevoir plus de 200 reis.

On organisera de même les tableaux des heures de départ des voitures ainsi que du nombre des voyages. Ces tableaux seront également soumis à l'approbation du Ministère susdit et ne pourront être modifiés sans son autorisation.

Cependant le Ministère en question pourra, s'il le juge à propos dans l'intérêt du public, exiger un nombre de voyages supérieur à celui mentionné dans les tableaux.

XII

L'Entreprise transportera gratuitement les agents de la poste et de police ainsi que tous employés publics qui exhiberont un laissez-passer de leurs chefs respectifs déclarant qu'ils voyagent pour service public.

En cas d'incendie dans des propriétés situées dans les rues parcourues par les lignes, sur les routes et chemins concédés ou dans leur voisinage immédiat, l'Entreprise transportera aussi gratuitement les pompiers, employés et agents de police nécessaires. Elle mettra en outre à la disposition du chef de la police, du directeur général du corps des pompiers ou de qui le remplacera, une voiture spécialement construite pour transporter jusqu'à deux pompes à incendie.

XIII

Pour la pose des rails et les réparations ultérieures y relatives il faudra l'autorisation préalable de la Chambre municipale. Cependant l'Entreprise pourra, en cas d'urgence, faire procéder aux réparations indispensables à la régularité du mouvement de la ligne, mais elle devra en donner immédiatement avis à la Chambre.

XIV

L'Entreprise ne pourra en aucun cas modifier le niveau des rues, routes ou chemins sans l'autorisation préalable de la Chambre, autorisation qui ne sera concédée qu'en tant qu'elle ne causera pas de préjudice au public et aux propriétés particulières. Les dépenses faites pour la modification du niveau des rues, routes ou chemins seront à la charge de l'Entreprise.

XV

L'Entreprise paiera à la Chambre municipale les frais d'entretien du pavage ou macadam des rues, routes ou chemins dans l'espace compris entre les rails, plus 25 centimètres de chaque côté extérieur. Ces frais seront remboursés à la Chambre mensuellement aux mêmes prix exigés d'autres entreprises.

XVI

Elle sera également responsable vis-à-vis de la Chambre des dépenses occasionnées par le rétablissement du pavage ou macadamisation des rues, routes ou chemins dans leur état primitif, si pour une circonstance quelconque l'Entreprise cessait de fonctionner. A cet effet tout le matériel roulant et fixe de l'Entreprise est hypothéqué en faveur de la Compagnie.

XVII

Toutes les fois que la Chambre municipale décidera la construction ou la réfection de pavage dans les rues, routes ou chemins des lignes concédées, l'Entreprise ne pourra y opposer aucune entrave ni réclamer une indemnité quelconque pour l'interruption du mouvement de la voie qui pourrait s'ensuivre, mais elle sera tenue de poser les rails au fur et à mesure de la réfection des chaussées.

XVIII

Le Gouvernement nommera un ingénieur chargé de contrôler l'exécution du service de l'Entreprise et de veiller à la régularité et au bon fonctionnement dudit service. Le traitement de ce commissaire sera fixé par le Gouvernement, d'accord avec l'Entreprise, laquelle versera, tous les trois mois, au Trésor national la moitié du montant du traitement en question.

XIX

Toutes les questions qui s'élèveraient entre le Gouvernement et l'Entreprise seront décidées au moyen d'arbitrage.

Chacune des parties contractantes nommera son arbitre. Le tiers-arbitre, qui, en cas de partage des voix, décidera définitivement, sera choisi d'un commun accord par les deux parties. A défaut d'accord entre les parties, on tirera au sort entre deux Conseillers d'Etat, dont l'un aura été désigné par le Gouvernement et l'autre par l'Entreprise.

XX

Toutes les dispositions des présentes clauses relatives aux concessionnaires seront entièrement applicables à la Société ou Compagnie qui sera par eux organisée.

XXI

La Compagnie aura une durée de trente-cinq ans à compter de ce jour. A l'expiration de ce délai, tout le matériel fixe et roulant de la Compagnie deviendra la propriété de la Municipalité. La Compagnie se trouvera *ipso facto* dissoute et n'aura droit à aucune indemnité.

XXII

Seront en temps opportun soumises à l'approbation du pouvoir législatif les conditions de la présente concession, en tant que celles-ci dépendent de ladite approbation.

XXIII

Le Gouvernement pourra racheter la présente concession en tout temps après les dix premières années de la concession.

Le prix du rachat sera fixé par deux arbitres, dont l'un nommé par le Gouvernement et l'autre par la Compagnie. Ces arbitres prendront en considération non seulement l'importance des travaux dans l'état où ils se trouveront à l'époque (sans tenir compte de leur coût primitif), mais aussi la recette nette de la ligne dans les cinq années précédentes.

Si les deux arbitres n'arrivaient pas à un accord, chacun d'eux donnera son avis, et la question sera résolue par le département des affaires de l'Empire du Conseil d'Etat.

XXIV

Pour tout défaut d'exécution de l'une quelconque des clauses de la présente concession, pour lequel il n'aurait pas été établi des peines spéciales, le Gouvernement pourra imposer des amendes de un à deux contos de reis, suivant la gravité du cas.

S'il s'agit de défaut d'exécution de travaux prévus dans les présentes clauses ou bien de la mauvaise exécution de quelques-uns de ces travaux, le Gouvernement pourra, en plus de l'amende qu'il imposera, faire faire les travaux qu'il jugera nécessaires aux frais de l'Entreprise.

Palais de Rio-de-Janeiro, le 22 février 1872.

Theodoro Machado Freire Pereira da Silva.

DÉCRET N° 5046 DU 5 AOUT 1872

Modifiant quelques-unes des clauses du décret n° 5002 du 3 juillet de la courante année, qui a autorisé le prolongement jusqu'à la place de la Constitution de la ligne ferrée allant de la Fazenda do Macaco au Matadouro (abattoir).

Prenant en considération la requête qui m'a été présentée par João-Baptista Vianna Drummond et le bachelier Joaquim Rodrigues de Oliveira.

Ouï l'avis du Conseil d'Etat, section des affaires de l'Empire, j'ai pour bon de modifier quelques-unes des clauses annexées au décret n° 5002 du 3 juillet de la courante année, qui a autorisé le prolongement jusqu'à la place de la Constitution de la ligne ferrée allant de la Fazenda do Macaco au Matadouro, et d'ordonner que l'on observe celles qui sont annexées au présent décret, signées par le vicomte de Itaúna, de mon Conseil, Sénateur de l'Empire, Ministre et Secrétaire d'Etat pour les affaires de l'agriculture, du commerce et des travaux publics, lequel est chargé de l'exécution y relative.

Palais de Rio-de-Janeiro, le 7 août 1872, 51ᵉ année de l'Indépendance et de l'Empire.

Paraphe de *Sa Majesté l'Empereur*.

Vicomte de Itaúna.

CLAUSES AUXQUELLES SE RÉFÈRE LE DÉCRET N° 5046 DE CETTE DATE

I

Le Gouvernement impérial concède à João-Baptista Vianna Drummond et au Dʳ Joaquim-Rodrigues de Oliveira la permission de prolonger jusqu'à la ville les rails de la ligne qui leur a été concédée par le décret n° 4895 du 22 février de la courante année, conformément au tracé suivant :

Les rails de la voie ferrée seront posés dans le prolongement de la rue Nova do Imperador allant vers Praia Formoza, d'où la ligne suivra les rues Senador Euzebio, S. Pedro da Cidade Nova, Formoza, Senado, Espirito Santo et Praça da Constituição, où sera établie la gare principale.

Au retour, la ligne partant de la place de la Constitution, au coin de la rue do Espirito Santo, suivra la rue du Visconde do Rio Branco, le Campo da Acclamação, la Travessa do Senado, les rues do Senado, Formoza, S. Pedro da Cidade Nova, Senador Euzebio, Praia Formoza et rue Nova do Imperador.

II

Entre la plage Formoza et le point d'en face S. Christovão, la Compagnie construira un pont parallèle à celui qui réunit les rues Senador Euzebio et Miguel de Frias.

Ce pont sera d'une solidité à toute épreuve; il sera construit sur le Mangue d'après le système du pont du chemin de fer de D. Pedro II qui se trouve tout près. Son tablier devra être au même niveau que celui de ce dernier et avoir une largeur suffisante pour l'établissement d'une voie double et d'un trottoir des deux côtés pour le passage des piétons.

III

Dans le prolongement de la ligne la Compagnie sera soumise aux clauses du décret n° 4895 du 22 février de la courante année qui n'auront pas été modifiées par la présente concession.

IV

La Compagnie sera tenue de paver les rues et les routes hors la ville dans lesquelles elle posera ses rails, sur l'espace compris entre les rails, plus 0ᵐ30 de chaque côté extérieur, conformément au système adopté de pavage ordinaire ou parallélipipèdes lorsque les rues et routes en question viendront à être ainsi pavées.

V

La Compagnie sera tenue d'abaisser la partie de la rue du Senado qui est comprise entre la petite rue traversière homonyme et la rue Formoza et de faire le pavage respectif conformément à la clause antérieure.

VI

Les dépenses qui seraient nécessaires pour la conduite des eaux, par suite du changement de niveau des rues, seront à la charge de la Compagnie.

VII

Une fois les travaux achevés, la Compagnie ne pourra, sous aucun prétexte, les modifier ni agrandir ses lignes sans qu'elle en ait fait la demande et que les plans en aient été préalablement approuvés par le Gouvernement, sous peine d'amende et d'avoir à démolir les travaux exécutés.

VIII

L'entretien des rues et routes où la Compagnie aura posé ses rails sera à la charge de la Compagnie pour ce qui est de l'espace compris entre les rails, plus 0^{m}30 de chaque côté extérieur.

IX

Le modèle des rails de l'Entreprise dans tout le parcours de sa ligne, à partir de la Fazenda do Macaco, sera celui établi par le décret n° 4383 du 23 juin 1869 pour les lignes de la Compagnie Rio-de-Janeiro Street Railway.

X

La Compagnie sera tenue de modifier, à ses frais et sans avoir droit à aucune indemnité, la pose de ses rails dans toute place ou rue de la ville, si cela était exigé par une raison qui surviendrait, et de les poser aux endroits et dans les délais qui seront déterminés par le Ministère de l'Agriculture, du Commerce et des Travaux publics.

En cas d'inobservance de la signification y relative, dans le délai fixé, le Ministère susdit pourra faire exécuter les modifications exigées, aux frais et risques de l'Entreprise.

XI

Le Gouvernement ne pourra concéder à aucune autre entreprise le droit d'établir une ligne ferrée allant de Villa-Isabel à la ville. Cette prohibition s'étend aux rues comprises dans le tracé respectif, dans le cas où il serait fait une concession analogue pour d'autres faubourgs, excepté entre la rue Formoza et la place de la Constitution inclusivement.

XII

Une fois la ligne livrée à la circulation, il ne pourra pas y avoir d'interruption du service pendant plus d'une heure, sous peine d'une amende de 20$000 pour chaque heure d'interruption. L'interruption se prolongeant au delà de quarante-huit heures, sauf le cas de force majeure dûment prouvé devant le Ministère de l'Agriculture, la concession de toute la ligne se trouvera frappée de caducité.

XIII

La Compagnie aura constamment en service le nombre de voitures que le Ministère de l'Agriculture jugera suffisant pour les exigences du mouvement. Si le nombre en est insuffisant, le Gouvernement sommera la Compagnie d'avoir à l'augmenter dans un délai déterminé, à l'expiration duquel, si la Compagnie ne s'est pas conformée à l'ordre reçu, le Gouvernement pourra la frapper d'amendes allant de 100$000 à 1:000$000 et lui fera une nouvelle sommation. En cas de récidive les amendes seront doublées.

XIV

Le Gouvernement nommera un ingénieur de sa confiance, chargé de contrôler les travaux de la Compagnie et de veiller à ce que le service soit fait avec régularité et bon ordre.

Le traitement de l'ingénieur-commissaire sera déterminé par le Gouvernement d'accord avec la Compagnie et payé par cette dernière.

XV

La Compagnie sera tenue d'avoir le nombre de cantonniers et de gardes qui sera déterminé par l'ingénieur-commissaire, lesquels seront chargés d'avertir les piétons, cavaliers et véhicules de l'approche des trains, afin d'éviter tout accident.

XVI

La Compagnie devra satisfaire dans le plus bref délai possible aux exigences qui seront formulées par l'ingénieur-commissaire relativement aux réparations et réfections nécessaires, non seulement de la voie mais aussi du matériel roulant et des stations. Si elle n'y satisfait pas, toutes les dépenses qui seront faites par ordre du Ministère de l'Agriculture pour la mise en parfait état de la voie ou du matériel, seront à la charge de la Compagnie.

XVII

La Compagnie soumettra tous les ans au Gouvernement l'horaire relatif au départ et à l'arrivée des trains, ainsi que le tarif des prix des voyageurs et du transport des colis, pour qu'ils soient modifiés suivant les exigences du service.

XVIII

Le Gouvernement fera, après avoir entendu la Compagnie, les règlements nécessaires pour le bon fonctionnement du service qui incombe à la Compagnie. Dans ces règlements il sera stipulé des amendes de 100$000 jusqu'à 2:000$000.

XIX

La Compagnie ne pourra pas percevoir plus de 200 reis par voyageur entre Villa-Isabel et Rio.

XX

La Compagnie mettra à la disposition du Gouvernement tous les moyens de transport qu'elle possédera, moyennant une réduction de 30 % sur le prix de ses tarifs, lorsque le Gouvernement en aura besoin pour le transport de troupes.

XXI

Le Gouvernement ayant accepté l'offre faite par les concessionnaires en faveur de l'instruction primaire, les dits concessionnaires devront verser dans les caisses de l'Etat la somme de 50:000$000 au moment de la signature du contrat, et une somme égale le jour où la ligne sera ouverte à la circulation. Le défaut d'exécution de cette offre entraînera l'annulation du contrat.

XXII

En garantie de la stricte observance et de l'exacte exécution des conditions auxquelles la présente concession est faite, la Compagnie déposera au Trésor national la somme de 30:000$000, laquelle portera intérêt de 6 % par an.

XXIII

A l'expiration du délai de la concession, tout le matériel fixe et roulant de la Compagnie, entretenu en bon état, deviendra la propriété absolue de la Municipalité et la Compagnie se trouvera *ipso facto* dissoute sans qu'elle ait droit à aucune indemnité.

Ce n'est qu'après que la Compagnie aura rempli cette formalité que le dépôt dont il s'agit à la clause précédente lui sera rendu.

Palais de Rio-de-Janeiro, le 7 août 1872.

VICOMTE DE ITAÚNA.

DÉCRET Nº 5168 DU 11 DÉCEMBRE 1872

Modifiant quelques-unes des clauses annexées au décret nº 5046 du 7 août de la courante année, qui a autorisé le prolongement jusqu'à la place de la Constitution de la ligne ferrée allant de la Fazenda do Macaco au Matadouro (abattoir).

Prenant en considération la requête qui m'a été présentée par la Compagnie du chemin de fer de Villa-Isabel, j'ai pour bon de réformer les clauses 1ʳᵉ et 9ᵉ du cahier des charges annexé au décret nº 5046 du 7 août courante année, qui a autorisé le prolongement jusqu'à la place de la Constitution de la ligne ferrée allant de la Fazenda do Macaco au Matadouro, de la manière suivante : la Compagnie prolongera la rue du Senador Euzebio en ligne droite jusqu'à la rencontre de la rue de S. Christovão. Les rails qui seront posés dans la rue Nova do Imperador devront passer par la rue du Mattoso et entrer dans la première rue traversière à gauche, qui met en communication cette rue avec celle de S. Christovão, d'où ils suivront par le prolongement susmentionné et où sera construit le pont dans les conditions établies par la clause 2. Le modèle des rails sera celui actuellement adopté pour les tramways de la Compagnie Botanical Garden Rail Road.

Francisco do Rego Barros Barreto, de mon Conseil, sénateur de l'Empire, ministre et secrétaire d'Etat pour les affaires de l'agriculture, du commerce et des travaux publics, est chargé de l'exécution du présent décret.

Palais de Rio-de-Janeiro, le 11 décembre 1872, 51° année de l'Indépendance et de l'Empire.

Paraphe de Sa Majesté l'Empereur.
FRANCISCO DO REGO BARROS BARRETO.

DÉCRET N° 5236 DU 24 MARS 1873

Réformant le tracé de la Compagnie du chemin de fer de Villa-Isabel approuvé par le décret n° 5168 du 11 décembre 1872, et approuvant les plans des stations Centrale, du Cortume et du Macaco.

Prenant en considération la requête qui m'a été présentée par la Compagnie du chemin de fer de Villa-Isabel, j'ai pour bon de réformer le tracé de la ligne approuvé par le décret n° 5168 du 11 décembre 1872 de la manière suivante : à partir du Mangue les rails de la Compagnie suivront en ligne droite jusqu'à la rue Nova do Imperador en traversant celle de S. Christovão. Sont également approuvés les plans des stations Centrale, du Cortume et du Macaco, annexés à la requête de la Compagnie en date du 31 janvier de l'année courante.

José Fernandes da Costa Pereira Junior, de mon Conseil, ministre et secrétaire d'Etat pour les affaires de l'agriculture, du commerce et des travaux publics, est chargé de l'exécution du présent décret.

Palais de Rio-de-Janeiro, le 24 mars 1873, 52° année de l'Indépendance et de l'Empire.

Paraphe de Sa Majesté l'Empereur.
JOSÉ FERNANDES DA COSTA PEREIRA JUNIOR.

DÉCRET N° 5277 DU 10 MAI 1873

Autorisant la Compagnie du chemin de fer de Villa-Isabel à prolonger ses rails par les rues de Campo-Alegre et du Duque-de-Saxe, dans S. Christovão.

Prenant en considération la requête qui m'a été présentée par les habitants et propriétaires des rues de Campo-Alegre et du Duque-de-Saxe à S. Christovão, j'ai pour bon d'autoriser la Compagnie du chemin de fer de Villa-Isabel à prolonger ses rails par lesdites rues, à partir du point où la première fait jonction avec la rue Nova do Imperador, et les faisant suivre par la deuxième de ces rues jusqu'à son point d'intersection avec la rue de S. Francisco Xavier, à la condition qu'il sera observé pour cet embranchement toutes les conditions établies pour les autres lignes par le décret n° 5002 du 3 juillet de l'année dernière écoulée.

José Fernandes da Costa Pereira Junior, de mon Conseil, ministre et secrétaire d'Etat pour les affaires de l'agriculture, du commerce et des travaux publics, est chargé de l'exécution du présent décret.

Palais de Rio-de-Janeiro, le 10 mai 1873, 52° année de l'Indépendance et de l'Empire.

Paraphe de Sa Majesté l'Empereur.
JOSÉ FERNANDES DA COSTA PEREIRA JUNIOR.

DÉCRET Nº 5332 DU 10 JUIN 1873

Approuvant les plans des embranchements des rues de Campo-Alegre et Duque-de-Saxe de la Compagnie du chemin de fer de Villa-Isabel.

Prenant en considération la requête qui m'a été présentée par la Compagnie du chemin de fer de Villa-Isabel, j'ai pour bon d'approuver les plans des embranchements des rues de Campo-Alegre et Duque-de-Saxe, concédés à ladite Compagnie par décret nº 5277 du 10 mai de l'année courante.

José Fernandes da Costa Pereira Junior, de mon Conseil, ministre et secrétaire d'Etat pour les affaires de l'agriculture, du commerce et des travaux publics, est chargé de l'exécution du présent décret.

Palais de Rio-de-Janeiro, le 10 juin 1873, 52ᵉ année de l'Indépendance et de l'Empire.

Paraphe de *Sa Majesté l'Empereur.*

José Fernandes da Costa Pereira Junior.

DÉCRET Nº 5338 DU 16 JUILLET 1873

Approuvant les plans des embranchements concédés à la Compagnie du chemin de fer de Villa-Isabel par la clause première des annexes au décret nº 4895 du 22 février 1872, pour l'Engenho Novo et Portão Vermelho.

Prenant en considération la requête qui m'a été présentée par la Compagnie du chemin de fer de Villa-Isabel et me conformant à l'avis de la Chambre municipale de la Capitale, j'ai pour bon d'approuver les plans des embranchements concédés à ladite Compagnie par la clause première des annexes au décret nº 4895 du 22 février de l'année dernière, pour l'Engenho Novo et Portão Vermelho, à la condition que la rue d'une largeur au minimum de 13 mètres que la Compagnie doit ouvrir entre celle de Babylonia et Portão Vermelho ne pourra être livrée à la circulation publique qu'après avoir été terrassée et nivelée, la largeur devant être la même au passage sur la rivière Maracanã.

José Fernandes da Costa Pereira Junior, de mon Conseil, ministre et secrétaire d'Etat pour les affaires de l'agriculture, du commerce et des travaux publics, est chargé de l'exécution du présent décret.

Palais de Rio-de-Janeiro, le 16 juillet 1873, 52° année de l'Indépendance et de l'Empire.

Paraphe de *Sa Majesté l'Empereur.*

José Fernandes da Costa Pereira Junior.

DÉCRET Nº 8489 du 22 AVRIL 1882

Autorisant la Compagnie du chemin de fer de Villa-Isabel à prolonger ses rails jusqu'à la rue du Mattoso.

Prenant en considération la requête qui m'a été présentée par les habitants de la rue du Mattoso, et en présence de la déclaration qui m'a été présentée par le Conseil d'administration de la Compagnie du chemin de fer de Villa-Isabel, j'ai pour bon de concéder à ladite Compagnie l'autorisation de prolonger ses rails par ladite rue, aux conditions établies dans les décrets se rapportant aux concessions qui lui ont été faites, mais il est entendu que le prix de transport des voyageurs dans les voitures allant à ladite rue sera de 100 reis, et il est également stipulé un délai de quatre mois pour l'exécution des travaux, à l'expiration duquel délai la présente concession sera frappée de caducité, si la ligne n'a pas commencé à fonctionner.

Manoel Alves de Araujo, de mon Conseil, ministre et secrétaire d'Etat pour les affaires de l'agriculture, du commerce et des travaux publics, est chargé de l'exécution du présent décret.

Palais de Rio-de-Janeiro, le 22 avril 1882, 61ᵉ année de l'Indépendance et de l'Empire.

Paraphe de *Sa Majesté l'Empereur*.

Manoel Alves de Araujo.

DÉCRET Nº 8511 DU 6 MAI 1882

Autorisant la Compagnie du chemin de fer de Villa-Isabel à prolonger ses rails de la rue Boulevard 28 de Setembro, à Villa-Isabel, jusqu'à la rue de Dona-Maria, dans le quartier dénommé Aldêa-Campista.

Prenant en considération la requête qui m'a été présentée par la Compagnie du chemin de fer de Villa-Isabel, j'ai pour bon de l'autoriser à prolonger ses rails depuis la rue Boulevard 28 de Setembro, à Villa-Isabel, jusqu'à la rue de Dona-Maria, dans le quartier dénommé Aldêa-Campista, en passant par les rues Doutor-Rufino et Pereira-Nunes ; à la condition qu'elle ait à se conformer aux prescriptions établies dans les concessions antérieures qui lui ont été faites, et que les travaux seront commencés dans un délai de six mois et achevés dans un délai d'un an, à l'expiration desquels délais la concession sera frappée de caducité si la ligne allant jusqu'à la dite rue de Dona-Maria n'a pas été construite.

Manoel Alves de Araujo, de mon Conseil, ministre et secrétaire d'Etat pour les affaires de l'agriculture, du commerce et des travaux publics, est chargé de l'exécution du présent décret.

Palais de Rio-de-Janeiro, le 6 mai 1882, 61ᵉ année de l'Indépendance et de l'Empire.

Paraphe de *Sa Majesté l'Empereur*.

Manoel Alves de Araujo.

DONNÉES STATISTIQUES

COMPAGNIE DU JARDIN BOTANIQUE

ÉTAT du matériel fixe et roulant, du personnel, des mules, etc.
de la Compagnie F. C. Jardin Botanico. — 1890-1895.

ANNÉES	LONGUEUR des VOIES	NOMBRE DES VOITURES			NOMBRE des MULES	PERSONNEL		STATIONS DÉPOTS ateliers	ACCIDENTS	
		à VOYAGEURS	FOURGONS	WAGONS à marchandises		administration et trafic	ENTRETIEN et ateliers		MORTELS	BLESSURES
	kil. mètres									
1890...	41.693	75	30	»	1.222	457	»	11	3	7
1891...	52.288	91	28	»	1.349	457	»	12	3	5
1892...	58.313	96	41	»	1.303	480	»	12	3	9
1893...	59.573	92	39	»	1.415	500	»	17	9	»
1894...	61.774	129	23	»	1.205	350	141	19	4	16
1895...	61.774	129	30	»	1.162	350	176	19	6	20

ÉTAT comparatif du mouvement des voyageurs et du nombre de voyages
de la Compagnie F. C. Jardin Botanico. — 1890-1895.

ANNÉES	NOMBRE TOTAL DES VOYAGEURS transportés pendant l'année.	MOYENNE JOURNALIÈRE des voyageurs transportés.	NOMBRE TOTAL des VOYAGES pendant l'année A et R	MOYENNE des VOYAGES par jour A et R.	NOMBRE DES PLACES offertes par voyage A et R.	MOYENNE des VOYAGEURS par voyage A et R.
1890.......	11.347.675	31.089	245.560	673	64	46
1891.......	13.850.140	37.946	260.783	714	64	33
1892.......	14.364.410	39.353	277.739	761	64	51
1893.......	15.982.635	41.048	280.503	768	64	53
1894.......	18.653.841	51.106	311.792	854	64	60
1895.......	22.540.818	61.755	360.509	987	64	63

ÉTAT comparatif des recettes et dépenses par voyageur de la Compagnie
F. C. Jardin Botanico. — 1890-1895.

ANNÉES	CAPITAL EFFECTIF	RECETTE BRUTE	DÉPENSE BRUTE	SOLDE LIQUIDE	DÉPENSE MOYENNE par voyageur	BÉNÉFICE NET par voyageur
					reis	reis
1890	12.000.000$000	1.655.318$530	.734.070$140	921.248$390	64	81
1891	14.000.000 000	1.932.714 710	896.101 210	1.036.613 500	64	74
1892	14.000.000 000	2.084.821 500	1.221.770 080	863.051 420	85	60
1893	14.000.000 000	2.137.952 180	1.510.819 150	827.133 030	101	41
1894	14.000.000 000	2.354.057 060	1.752.324 313	601.732 747	94	32
1895	14.000.000 000	2.632.206 815	1.954.738 730	677.468 085	87	30

COMPAGNIE DES CARRIS URBANOS

ÉTAT du matériel fixe et roulant, du personnel, des mules, ètc.
de la Compagnie F. C. Carris Urbanos. — 1890-1895.

| ANNÉES | LONGUEUR des VOIES | NOMBRE DES VOITURES | | | NOMBRE des MULES | PERSONNEL | | STATIONS DÉPOTS ateliers | ACCIDENTS | |
		à VOYAGEURS	FOURGONS	WAGONS à marchandises		administration et trafic	ENTRETIEN et ateliers		MORTELS	BLESSURES
	kil. mètres									
1890...	62 »	146	188	»	1.713	669	»	9	12	»
1891...	62 »	146	188	»	1.713	669	»	9	4	»
1892...	68 »	147	194	»	1.849	737	»	10	16	»
1893...	68 »	147	194	»	1.849	737	»	10	16	»
1894...	68 »	150	138	»	1.984	850	162	6	3	19
1895...	68 »	150	138	»	2.051	857	141	6	11	35

ÉTAT comparatif du mouvement des voyageurs et du nombre de voyages
de la Compagnie F. C. Carris Urbanos. — 1890-1895.

ANNÉES	NOMBRE TOTAL DES VOYAGEURS transportés pendant l'année.	MOYENNE JOURNALIÈRE des voyageurs transportés.	NOMBRE TOTAL des VOYAGES pendant l'année A et R	MOYENNE des VOYAGES par jour A et R.	NOMBRE DES PLACES offertes par voyage A et R.	MOYENNE des VOYAGEURS par voyage A et R.
1890.......	15.360.168	42.082	700.990	1.920	48	22
1891.......	17.761.338	48.661	708.420	1.941	48	25
1892.......	18.727.247	51.307	720.550	1.974	48	26
1893.......	19.624.588	53.765	717.458	1.965	48	27
1894.......	25.848.941	70.819	620.719	1.700	48	41
1895.......	27.279.752	74.739	730.188	2.000	48	37

ÉTAT comparatif des recettes et dépenses par voyageur de la Compagnie
F. C. Carris Urbanos. — 1890-1895.

ANNÉES	CAPITAL EFFECTIF	RECETTE BRUTE	DÉPENSE BRUTE	SOLDE LIQUIDE	DÉPENSE MOYENNE par voyageur	BÉNÉFICE NET par voyageur
					reis	reis
1890	5.400.000$000	2.025.317$776	1.491.950$000	533.366$781	97	34
1891	5.400.000 000	2.528.824 262	1.918.172 000	610.651 432	107	34
1892	6.000.000 000	3.072.023 400	2.439.139 000	632.873 519	130	33
1893	6.000.000 000	3.028.152 433	2.925.528 000	102.623 772	149	5
1894	6.000.000 000	3 237.630 535	2.545.946 000	691.684 046	129	26
1895	6.000.000 000	3.515.214 832	2.635.269 000	879.945 452	»	»

COMPAGNIE DE S. CRISTOVÃO

*ÉTAT du matériel fixe et roulant, du personnel, des mules, etc.
de la Compagnie F. C. S. Christovão. — 1890-1895.*

| ANNÉES | LONGUEUR des VOIES | NOMBRE DES VOITURES | | | NOMBRE des MULES | PERSONNEL | | STATIONS DÉPÔTS ateliers | ACCIDENTS | |
		à VOYAGEURS	FOURGONS	WAGONS à marchandises		administration et trafic	entretien et ateliers		MORTELS	BLESSURÉS
	kil. mètres									
1890...	57.951	117	26	»	2.073	580	»	6	2	»
1891...	57.951	127	27	»	2.289	600	»	12	11	»
1892...	57.951	127	27	»	2.176	700	»	14	7	»
1893...	60.480	126	30	»	1.809	815	»	15	20	»
1894...	62.580	128	28	»	1.813	760	132	19	2	7
1895...	62.880	131	28	»	1.897	770	132	19	9	31

*ÉTAT comparatif du mouvement des voyageurs et du nombre de voyages
de la Compagnie F. C. de S. Christovão. — 1890-1895.*

ANNÉES	NOMBRE TOTAL DES VOYAGEURS transportés pendant l'année.	MOYENNE JOURNALIÈRE des voyageurs transportés.	NOMBRE TOTAL des VOYAGES pendant l'année A et R	MOYENNE des VOYAGES par jour A et R.	NOMBRE DES PLACES offertes par voyage A et R.	MOYENNE des VOYAGEURS par voyage A et R.
1890......	14.143.664	38.748	304.454	734	64	46
1891......	18.319.668	50.191	332.800	911	64	55
1892......	19.339.005	52.958	342.030	936	64	56
1893......	20.147.582	55.198	347.138	951	64	58
1894......	22.943.271	62.858	349.093	956	64	66
1895......	22.146.859	60.067	362.810	994	64	60

*ÉTAT comparatif des recettes, et dépenses par voyageur de la Compagnie
F. C. S. Christovão. — 1890-1895.*

ANNÉES	CAPITAL EFFECTIF	RECETTE BRUTE	DÉPENSE BRUTE	SOLDE LIQUIDE	DÉPENSE MOYENNE par voyageur	BÉNÉFICE NET par voyageur
					reis	reis
1890	4.000.000$000	1.988.064$158	1.147.183$071	840.881$087	81	59
1891	12.000.000 000	2.357.302 924	1.295.924 509	1.061.378 415	71	58
1892	12.000.000 000	2.506.066 831	1.550.814 734	955.252 097	80	49
1893	12.000.000 000	2.434.320 362	1.630.009 931	804.310 431	80	39
1894	12.000.000 000	2.620.361 654	1.917.075 045	703.286 609	86	30
1895	12.000.000 000	2.733.462 126	2.030.175 517	703.286 ·609	91	31

COMPAGNIE DE VILLA-ISABEL

ÉTAT du matériel fixe et roulant, du personnel, des mules, etc.
de la Compagnie Villa-Isabel. — 1890-1895.

| ANNÉES | LONGUEUR des VOIES | NOMBRE DES VOITURES | | | NOMBRE des MULES | PERSONNEL | | STATIONS DÉPOTS ateliers | ACCIDENTS | |
		à VOYAGEURS	FOURGONS	WAGONS à marchandises		administration et trafic	ENTRETIEN et ateliers		MORTELS	BLESSURES
	kil. mètres									
1890 ..	38 »	65	14	»	853	267	»	12	3	»
1891...	38 »	77	15	»	1.121	260	»	12	5	»
1892...	38 »	79	19	»	1.376	270	»	12	6	»
1893...	39 »	87	27	»	1.113	675	»	11	4	»
1894...	40 »	88	23	»	1.138	350	131	10	4	»
1895...	40 »	96	22	»	1.009	524	137	11	4	15

ÉTAT comparatif du mouvement des voyageurs et du nombre de voyages
de la Compagnie F. C. Villa-Isabel. — 1890-1895.

ANNÉES	NOMBRE TOTAL DES VOYAGEURS transportés pendant l'année.	MOYENNE JOURNALIÈRE des voyageurs transportés.	NOMBRE TOTAL des VOYAGES pendant l'année A et R	MOYENNE des VOYAGES par jour A et R.	NOMBRE DES PLACES offertes par voyage A et R.	MOYENNE des VOYAGEURS par voyage A et R.
1890.......	5.180.781	13.994	93.240	260	64	55
1891.......	6.133.477	16.804	100.040	274	64	61
1892.......	6.597.226	18.074	114.116	312	64	57
1893.......	6.716.176	18.400	120.642	330	64	55
1894.......	7.583.955	20.778	203.760	558	64	37
1895.......	6.753.042	18.501	125.794	344	64	53

ÉTAT comparatif des recettes et dépenses par voyageur de la Compagnie
F. C. Villa-Isabel. — 1890-1895.

ANNÉES	CAPITAL EFFECTIF	RECETTE BRUTE	DÉPENSE BRUTE	SOLDE LIQUIDE	DÉPENSE MOYENNE par voyageur	BÉNÉFICE NET par voyageur
					reis	reis
1890	3.000.000$000	662.213$140	428.874$160	233.338$980	84	34
1891	3.000.000 000	966.748 880	628.517 330	338.231 550	102	55
1892	3.000.000 000	1.080.295 170	957.744 660	122.550 510	145	18
1893	3.000.000 000	1.180.470 510	1.178.057 070	2.413 440	175	0.3
1894	3.000.000 000	1.247.345 180	1.254.254 420	6.909 240	177	»
1895	3.000.000 000	1.239.658 930	1.152.511 000	87.147 940	178	»

COMPAGNIE DE VILLA-GUARANY

ÉTAT du matériel fixe et roulant du personnel, des mules, etc.
de la Compagnie F. C. Villa-Guarany. — 1890-1895.

| ANNÉES | LONGUEUR des VOIXS | NOMBRE DES VOITURES | | | NOMBRE des MULES | PERSONNEL | | STATIONS DÉPÔTS ateliers | ACCIDENTS | |
		à VOYAGEURS	FOURGONS	WAGONS à marchandises		administration et trafic	ENTRETIEN et ateliers		MORTELS	BLESSURES
	kil. mètres									
1890...	8 049	17	1	»	115	39	»	2	»	»
1891...	8 049	17	1	»	100	35	»	2	»	»
1892...	8 049	17	1	»	80	*	»	2	»	»
1893...	9 »	16	4	»	32	*	»	3	»	»
1894...	9 »	16	4	»	32	*	»	3	»	»
1895...	9 »	16	4	»	32	*	»	2	»	»

* Personnel de Villa Isabel.

ÉTAT comparatif du mouvement des voyageurs et du nombre de voyages
de la Compagnie F. C. Villa-Guarany. — 1890-1895.

ANNÉES	NOMBRE TOTAL DES VOYAGEURS transportés pendant l'année.	MOYENNE JOURNALIÈRE des voyageurs transportés.	NOMBRE TOTAL des VOYAGES pendant l'année A et R	MOYENNE des VOYAGES par jour A et R.	NOMBRE DES PLACES offertes par voyage A et R.	MOYENNE des VOYAGEURS par voyage A et R.
1890.......	641.762	1.758	75.688	207	36	8
1891.......	826.271	2.263	77.525	212	36	10
1892.......	789.426	2.162	52.755	144	36	15
1893.......	796.258	2.181	84.472	231	36	9
1894.......	849.164	2.345	84.708	234	36	10
1895.......	874.489	2.396	85.420	234	36	10

ÉTAT comparatif des recettes et dépenses par voyageur de la Compagnie
F. C. Villa-Guarany. — 1890-1895.

ANNÉES	CAPITAL EFFECTIF	RECETTE BRUTE	DÉPENSE BRUTE	SOLDE LIQUIDE	DÉPENSE MOYENNE par voyageur	BÉNÉFICE NET par voyageur
					reis	reis
1890	150.000$000	63.894$780	47.241 075	16.743$075	73	26
1891	150.000 000	83.121 820	60.540 370	22.581 450	73	27
1892	150.000 000	81.047 220	54.935 550	26.111 670	69	23
1893	150.000 000)					
1894	150.000 000	Les comptes de cette Compagnie ont été réunis à ceux				
1895	150.000 000)	de Villa-Isabel.				

COMPAGNIE DE VILLA-CACHAMBY

*ÉTAT du matériel fixe et roulant, du personnel, des mules, etc.
de la Compagnie F. C. Cachamby. — 1890-1895.*

ANNÉES	LONGUEUR des VOIES	NOMBRE DES VOITURES			NOMBRE des MULES	PERSONNEL		STATIONS Dépôts ateliers	ACCIDENTS	
		à VOYAGEURS	FOURGONS	WAGONS à marchandises		administration et trafic	ENTRETIEN et ateliers		MORTELS	ET ssuss
	kil. mètres									
1890...	9.400	9	1	»	72	28	»	3	»	»
1891...	9.400	10	2	»	90	32	»	3	»	»
1892...	9.400	18	2	»	110	40	»	2	»	»
1893...	16.687	17	3	»	150	43	32	2	»	»
1894...	16.687	17	3	»	160	43	32	3	»	1
1895...	16.687	18	3	»	167	48	27	3	»	1

*ÉTAT comparatif du mouvement des voyageurs et du nombre de voyages
de la Compagnie F. C. Cachamby. — 1890-1895.*

ANNÉES	NOMBRE TOTAL DES VOYAGEURS transportés pendant l'année.	MOYENNE JOURNALIÈRE des voyageurs transportés.	NOMBRE TOTAL des VOYAGES pendant l'année A et R.	MOYENNE des VOYAGES par jour A et R.	NOMBRE DES PLACES offertes par voyage A et R.	MOYENNE des VOYAGEURS par voyage A et R.
1890.......	335.940	922	57.828	158.	36	11
1891.......	410.828	1.124	58.040	159	36	7
1892.......	537.619	1.472	60.118	164	36	9
1893.......	1.103.354	3.022	61.088	167	36	18
1894.......	1.176.613	3.223	60.590	166	36	20
1895.......	1.179.474	3.231	77.588	212	36	15

*ÉTAT comparatif des recettes et dépenses, par voyageur de la Compagnie
F. C. Cachamby. — 1890-1895.*

ANNÉES	CAPITAL EFFECTIF	RECETTE BRUTE	DÉPENSE BRUTE	SOLDE LIQUIDE	DÉPENSE MOYENNE par voyageur	BÉNÉFICE NET par voyageur
					reis	reis
1890	150.000$000	35.613$160	28.314$530	7.298$630	84	21
1891	150.000 000	57.709 200	67.957 800	10.248 600	165	»
1892	150.000 000	61.222 500	52.002 990	9.219 510	96	17
1893	150.000 000	118.022 400	100.997 100	18.025 300	91	16
1894	150.000 000	141.892 200	127.982 700	13.899 500	102	11
1895	150.000 000	124.021 200	116.039 160	7.982 040	99	6

COMPAGNIE DE CARIOCA

ÉTAT du matériel fixe et roulant du personnel, des mules, etc.
de la Compagnie F. C. Carioca. — 1890-1895.

| ANNÉES | LONGUEUR des VOIES | NOMBRE DES VOITURES | | | NOMBRE des MULES | PERSONNEL | | STATIONS DÉPÔTS ateliers | ACCIDENTS | |
		à VOYAGEURS	FOURGONS	WAGONS à marchandises		administration et trafic	ENTRETIEN et ateliers		MORTELS	BLESSURES
	kil. mètres									
1890...	3.513	13	2	»	90	47	»	5	»	. »
1891...	7 »	14	2	»	110	50	»	5	»	»
1892...	7 »	14	2	»	130	50	»	5	»	»
1893...	7 »	20	2	»	180	54	»	5	»	2
1894...	6.500	18	4	»	200	47	7	6	»	»
1895...	6.500	20	5	»	200	47	7	6	1	»

ÉTAT comparatif du mouvement des voyageurs et du nombre de voyages
de la Compagnie F. C. Carioca. — 1890-1895.

ANNÉES	NOMBRE TOTAL DES VOYAGEURS transportés pendant l'année.	MOYENNE JOURNALIÈRE des voyageurs transportés.	NOMBRE TOTAL des VOYAGES pendant l'année A et R	MOYENNE des VOYAGES par jour A et R.	NOMBRE DES PLACES offertes par voyage A et R.	MOYENNE des VOYAGEURS par voyage A et R
1890.......	476.642	1.306	60.938	167	48	8
1891.......	469.144	1.285	60.936	167	48	8
1892.......	592.470	1.623	60.936	167	48	9
1893.......	604.743	1.656	60.936	167	48	10
1894.......	818.488	2.242	55.872	153	48	14
1895.......	944.205	2.586	58.504	160	48	16

ÉTAT comparatif des recettes et dépenses par voyageur de la Compagnie
F. C. Carioca. — 1890-1895.

ANNÉES	CAPITAL EFFECTIF	RECETTE BRUTE	DÉPENSE BRUTE	SOLDE LIQUIDE	DÉPENSE MOYENNE par voyageur	BÉNÉFICE NET par voyageur
					reis	reis
1890	1.000.000$000	91.690$300	75.204$610	16.485$690	157	34
1891	1.000.000 000	89.608 100	70.455 080	19.153 020	150	40
1892	1.000.000 000	92.477 260	71.145 720	21.331 540	120	36
1893	1.000.000 000	94.243 800	78.510 920	15.732 880	129	26
1894	1.000.000 000	185.647 900	179.144 161	6.503 539	222	7
1895	1.000.000 000	197.347 406	184.200 100	13.147 306	195	14

COMPAGNIE DE JACARÉPAGUÀ

ÉTAT du matériel fixe et roulant, personnel, animaux, etc. de la Compagnie F. C. Jacarépaguà. — 1890-1895.

ANNÉES	LONGUEUR des LIGNES	NOMBRE DES VOITURES			NOMBRE des ANIMAUX	PERSONNEL		STATIONS DÉPOTS ateliers	ACCIDENTS	
		à VOYAGEURS	FOURGONS	WAGONS à marchandises		administration et trafic	ENTRETIEN et ateliers		MORTELS	BLESSURES
	kil. mètres									
1890...	9.830	5	1	»	37	14	»	1	»	»
1891...	9.830	5	1	»	40	15	»	1	»	»
1892...	11.059	7	5	»	63	29	»	3	»	»
1893...	11.059	7	5	»	72	25	»	3	»	»
1894...	10.996	7	2	»	88	20	»	3	»	»
1895...	10.595	4	1	»	117	13	6	3	»	»

ÉTAT comparatif du mouvement des voyageurs et du nombre de voyages de la Compagnie F. C. Jacarépaguà. — 1890-1895.

ANNÉES	NOMBRE TOTAL DES VOYAGEURS transportés pendant l'année.	MOYENNE JOURNALIÈRE des voyageurs transportés.	NOMBRE TOTAL des VOYAGES pendant l'année A et R	MOYENNE des VOYAGES par jour A et R.	NOMBRE DES PLACES offertes par voyage A et R.	MOYENNE des VOYAGEURS par voyage A et R.
1890.......	130.994	359	5.200	14	48	25
1891.......	133.288	365	5.465	14	48	26
1892.......	138.208	364	5.465	14	48	26
1893.......	128.264	351	4.242	11	48	32
1894.......	433.344	1.187	6.480	17	48	69
1895.......	446.438	1.223	6.086	16	48	76

ÉTAT comparatif des recettes et dépenses par voyageur de la Compagnie F. C. Jacarépaguà. — 1890-1895.

ANNÉES	CAPITAL EFFECTIF	RECETTE BRUTE	DÉPENSE BRUTE	SOLDE LIQUIDE	DÉPENSE MOYENNE par voyageur	BÉNÉFICE NET par voyageur
					reis	reis
1890	300.000$000	6.600$000	637$000	5.963$000	4	45
1891	300.000 000	7.200 000	930 000	6.270 000	6	47
1892	300.000 000	22.530 000	21.805 000	724 700	163	5
1893	300.000 000	22.225 000	21.633 795	692 195	169	5
1894	300.000 000	72.127 000	66.600 000	5.527 320	153	12
1895	300.000 000	90.295 000	78.843 308	11.451 892	177	25

COMPAGNIE DE SEPETIBA

ÉTAT du matériel fixe et roulant, personnel, animaux, etc.
de la Compagnie F. C. Sepetiba. — 1890-1895.

ANNÉES	LONGUEUR des LIGNES	NOMBRE DES VOITURES			NOMBRE des ANIMAUX	PERSONNEL		STATIONS DÉPOTS ateliers	ACCIDENTS	
		à VOYAGEURS	FOURGONS	WAGONS à marchandises		administration et trafic	ENTRETIEN et ateliers		MORTELS	BLESSURES
	kil. mètres									
1890...	10 »	4	4	»	22	12	»	2	»	»
1891...	10 »	4	4	»	22	12	»	2	»	»
1892...	10 »	4	4	»	18	12	»	2	»	»
1893...	9.500	4	3	»	14	8	»	4	»	»
1894...	9.500	4	2	»	14	5	7	4	»	»
1895...	9.500	4	3	»	14	7	8	3	»	»

ÉTAT comparatif du mouvement des voyageurs et du nombre de voyages
de la Compagnie F. C. Sepetiba. — 1890-1895.

ANNÉES	NOMBRE TOTAL DES VOYAGEURS transportés pendant l'année.	MOYENNE JOURNALIÈRE des voyageurs transportés.	NOMBRE TOTAL des VOYAGES pendant l'année A et R	MOYENNE des VOYAGES par jour A et R.	NOMBRE DES PLACES offertes par voyage A et R.	MOYENNE des VOYAGEURS par voyage A et R.
1890.......	7.143	19	1.460	4	48	5
1891.......	7.936	21	1.480	4	48	5
1892.......	10.040	27	1.468	4	48	7
1893.......	16.425	45	1.460	4	48	11
1894.......	15.642	43	802	2	48	22
1895.......	14.450	39	904	2	48	19

ÉTAT comparatif des recettes et dépenses par voyageur de la Compagnie
Sepetiba. — 1890-1895.

ANNÉES	CAPITAL EFFECTIF	RECETTE BRUTE	DÉPENSE BRUTE	SOLDE LIQUIDE	DÉPENSE MOYENNE par voyageur	BÉNÉFICE NET par voyageur
					reis	reis
1890	150.000$000	»	»	»	»	»
1891	150.000 000	»	»	»	»	»
1892	150.000 000	»	»	»	»	»
1893	100.000 000	»	»	»	»	»
1894	150.000 000	»	»	»	»	»
1895	150.500 000	»	»	»	»	»

DONNÉES GÉNÉRALES SUR LES COMPAGNIES DE TRAMWAYS DE RIO-DE-JANEIRO

DATE DES CONCESSIONS, DE LEUR INAUGURATION, ETC.

DÉSIGNATION DES COMPAGNIES	DATE DU DÉCRET OU DU CONTRAT	DATE DU COMMENCEMENT DES TRAVAUX	DATE DE L'INAUGURATION
Jardin Botanico	1° 9 octobre 1868 2° 30 août 1890	2 juillet 1868	9 octobre 1868.
S. Christovão	1° 23 juillet 1869 2° 30 août 1890	25 novembre 1869	1er janvier 1870.
Carris Urbanos	1° 24 août 1878 2° 21 décembre 1894	1er janvier 1879	1er janvier 1879.
Villa-Isabel	22 février 1872	7 août 1873	1er novembre 1873.
Villa-Guarany	20 mai 1882	15 février 1883	18 novembre 1883.
Cachamby	1° 30 novembre 1878 2° 30 décembre 1890	17 mars 1879	2 décembre 1879.
Carioca	1° 30 octobre 1872 14 septembre 1892	8 novembre 1872	10 avril 1875.
Jacarépaguà	1° 10 septembre 1873 2° 26 juillet 1893	15 décembre 1873	1er mars 1875.
Sepetiba	17 octobre 1882	10 mars 1883	27 juillet 1884.
Elevador de Paula Mattos	14 novembre 1880	5 novembre 1881	30 avril 1883.

DONNÉES GÉNÉRALES SUR LES TRAMWAYS DE RIO-DE-JANEIRO

DÉSIGNATION DES COMPAGNIES	DATE DU DÉCRET OU DU CONTRAT	DURÉE DE LA CONCESSION	ÉPOQUE à laquelle les lignes REVIENNENT A LA MUNICIPALITÉ	OBSERVATIONS
Jardin Botanico	1° 9 octobre 1868 2° 30 août 1890	40 années	31 décembre 1930.	
S. Christovão	1° 23 juillet 1869 2° 30 août 1890	40 années	31 décembre 1930.	
Carris Urbanos	1° 24 août 1878 2° 21 décembre 1894	...... 36 années	...... 31 décembre 1930.	Cette Compagnie a été constituée par la fusion des Compagnies Locomotora, Fluminense, Santa Thereza e Carioca et Ricechuclo.
Villa-Isabel	22 février 1872	35 années	22 février 1907.	
Villa-Guarany	20 mai 1882	33 années	20 mai 1915.	
Cachamby	1° 30 novembre 1878 2° 30 décembre 1890	28 années	30 novembre 1918.	
Carioca	1° 30 octobre 1872 2° 14 septembre 1892	38 années	30 octobre 1930.	
Jacarépaguà	1° 10 septembre 1873 2° 26 juillet 1893	20 années	10 septembre 1913.	
Sepetiba	17 octobre 1882	30 années	17 octobre 1912.	
Elevador de Paula Mattos	14 novembre 1880	25 années	14 novembre 1905.	

DONNÉES GÉNÉRALES SUR LES TRAMWAYS DE RIO-DE-JANEIRO

DÉSIGNATION des COMPAGNIES	LONGUEUR totale DES LIGNES	LARGEUR des VOITURES	LARGEUR		RAYON DES COURBES		POIDS DES RAILS par mètre courant	PRIX du MÈTRE COURANT de voie posée en $	PENTES		POIDS d'une VOITURE VIDE	TYPES des RAILS EMPLOYÉS
			VOIE	ENTRE-VOIE	MAXIMUM	MINIMUM			MAXIMA	MINIMA		
	mètres	m. c.	m. c.	m. c.	m. c.	m. c.	kilos				kilos	
Jardim Botanico.........	61.774	2,35 / 2,13	1,44	1,40	400,00	10,00	30	30$000	6 °/₀	»	3.000 / 6.000	Vignole. Fenda.
S. Christovão..........	62.589	2,13	1,37	1,00	500,00	20,00	18 à 22	30 à 150$000	6, 5 °/₀	»	3.000	Vignole et Legrand.
Carris Urbanos	68.000	1,85	0,82	1,30	»	7,00	34	36$000	»	»	1.500	Speellmann.
Villa-Isabel...........	40.000	1,82	1,44	1,15	20,00	7,50	20	53$785	4, 5 °/₀	»	1.800	Vignole.
Villa-Guarany	9.000	1,66	0,82	1,30	12,50	7,50	12	13$878	4, 5 °/₀	»	1.500	Legrand.
Cachamby	16.687	1,66	0,82	1,30	4,20	1,40	12	14$368	4, 5 °/₀	»	1.500	Speellmann.
Carioca	6.500	1,52	0,914	1,00	40,00	15,00	15 à 20	22$000	15 et 11°/₀	»	1.400	Vignole.
Jacarépaguà	10.595	1,85	1,00	1,20	1.000	20,00	20	12$157	3 °/₀	»	1.500	Vignole.
Sepetiba.............	9.500	1,85	0,82	1,10	1.200	30,00	20	15$000	1 °/₀	»	1.500	Vignole.
Elevador de Paula Mattos.	»	»	»	»	»	»	»	»	»	»	»	»

TRAMWAYS DE RIO-DE-JANEIRO

RÉSUMÉ. — Longueur totale des voies. — Nombre des mules, etc. — 1890-1895.

ANNÉES	LONGUEUR TOTALE des LIGNES	NOMBRE des VOITURES à voyageurs.	NOMBRE DE FOURGONS et de WAGONS à marchandises.	NOMBRE des MULES	NOMBRE DES STATIONS, dépôts et ateliers.	ÉTAT DU PERSONNEL pour le trafic et l'entretien.	NOMBRE DE VOYAGES A et R.	NOMBRE TOTAL DES VOYAGEURS transportés pendant l'année.
	k. m.							
1890	251.435	453	267	5.923	51	2.006	1.546.834	47.519.083
1891	262.031	491	267	6.529	58	2.031	1.604.839	57.736.977
1892	265.285	510	295	6.939	62	2.251	1.659.321	60.818.008
1893	281.299	518	307	6.602	70	2.852	1.680.540	64.036.607
1894	286.442	548	228	6.195	73	3.268	1.693.816	78.323.259
1895	286.442	568	234	6.709	72	3.250	1.807.803	82.179.529

TRAMWAYS DE RIO-DE-JANEIRO

État descriptif du mouvement, du trafic, du capital actions et obligations, des recettes, des dépenses et du solde des diverses Compagnies en 1895.

	JARDIM BOTANICO	SÃO CHRISTOVÃO	VILLA-ISABEL VILLA-ISABEL-CACHAMBY CACHAMBY	CABRIS TIJUCA	CARIOCA	TOTAL
Longueur des voies ... en mètres	61.774	62.580	65.540	68.000	6.500	264.409
Ecartement de la voie ... id	1.44	1.37	1.44 (0.82)	0.82	0.91 4	
Matériel roulant ... voitures	151	159	167	288	25	790
Mules	1.162	1.897	1.268	2 051	200	6.578
Nombre des voyages A et R en 1895	360.509	362.847	284.884	730.188	58.504	1.796.932
Nombre de voyageurs par voyage	62	60	54, 10%..., 15%...	48	16	
Voyageurs gratuits	786.996	2.340.093	722.145	2.749.500		
Voyageurs payants	21.753.822	19.806.766	8.259.747	24.530.252		
Nombre total des voyageurs	22.540.818	22.146.859	8.981.892	27.279.752	944.205	81.893.526
Nombre de kilomètres-voitures annuels	4.912.192[b]		2.419.749[b]			
Mode de traction	Animale, électricité	Animale, vapeur	Animale	Animale	Animale, vapeur	
Tarifs ... Reis	100, 200, 250, 300	100, 200, 250, 300, 400	100, 200	100	200	
Capital ... Reis	14.000:000$000	12.000:000$000	3.000:000$000	6.000:000$000	2.500:000$000	37.000:000$000
Obligations et emprunts ... Reis	1.485:000$000		123:000$000	5.968:700$000	797:500$000	
Fonds de réserve ... Reis	363:021$580	85:240$720	108:545$810	149:880$529	3:744$548	
Profits et pertes ... Reis	4:330$377	7:486$094	332:307$484	664:985$208	11:032$890	
Revenu ... Reis	2.632:206$815	2.738:895$460	1.361:656$260	3.515:214$882	197:847$400	10.440:819$703
Dépenses ... Reis	1.954:738$730	1.962:713$700	1.296:078$550	2.635:269$400	184:200$100	8.023:000$489
Solde ... Reis	677:468$085	771:181$751	75:576$710	870:945$452	13:147$306	2.417:819$304
Dividende en reis ... Reis	602:000$000	714:000$000				

Au change de 8ᵈ, soit à 0 fr. 84 par 1.000 Reis.

	JARDIM BOTANICO	SÃO CHRISTOVÃO	VILLA-ISABEL CACHAMBY	CABRIS TIJUCA	CARIOCA	TOTAL
Capital. Change 0.84 par 1.000 reis ... Fr	11.760.000 »	10.080.000 »	2.520.000 »	5.040.000 »	2.100.000 »	31.500.000 »
Obligations et emprunts ... Fr	1.247.400 »		103.320 »	4.920.708 »	669.900 »	
Fonds de réserve ... Fr	305.442 12	71.602 20	91.178 48	125.899 64	3.145 42	
Profits et pertes ... Fr	3.637 20	6.288 20	279.130 »	558.580 »	9.266 90	
Revenu ... Fr	2.211.053 04	2.350.071 80	1.143.790 20	2.952.770 76	165.771 48	8.769.867 96
Dépenses ... Fr	1.641.979 92	1.648.678 92	1.080.305 52	2.213.626 90	154.728 »	6.739.320 »
Solde ... Fr	569.073 12	647.792 04	63.483 84	739.159 80	11.043 48	2.090.547 96
Dividende ... Fr	505.680 »	519.760 »				

PLANS

Plan général des Tramways de Rio-de-Janeiro.
Plan du réseau de Villa-Isabel.

PHOTOGRAPHIES

www.ingramcontent.com/pod-product-compliance
Ingram Content Group UK Ltd.
Pitfield, Milton Keynes, MK11 3LW, UK
UKHW020649120726
13658UKWH00006B/1128